délices de chocolat

EDITIONS ATLAS

Édité par :
Éditions Glénat

Éditions Glénat
Couvent Sainte-Cécile
37, rue Servan
38000 Grenoble

Cet ouvrage est une édition partielle de l'encyclopédie «Mon Atelier de pâtisserie » publiée par les Éditions Atlas, œuvre collective à laquelle ont contribué : Gilles Laurendon, directeur de collection et auteur ; Coralie Adnet, Laurence Laurendon, Yann Leclerc et Serge Ribeiro, auteurs ; Jean-Louis Packard, conception graphique ; Carmèle Délivré, directrice artistique prises de vue.

Crédits photographiques
Couverture : Bilic/Photocuisine
Intérieur : Marianne Paquin : 10-11 ; 20-21 ; 24-25 ; 26-27 ; 28-29 ; 30-31 ; 38-39 ; 42-43 ; 46-47 ; 52-53 ; 56-57 ; 62-63 ; 64-65 ; 66-67 ; 68-69 ; 72-73 ; 76-77 ; 88-89 ; 94-95 ; 96-97 ; 98-99 ; 102-103 ; 104-105 ; 110-111 ; 116-117 ; 124-125 ; 140-141 ; 150-151 ; 156-157. Jean-Baptiste Pellerin : 14-15 ; 16-17 ; 34-35 ; 44-45 ; 70-71 ; 74-75 ; 80-81 ; 82-83 ; 84-85 ; 86-87 ; 108-109 ; 112-113 ; 122-123 ; 126-127 ; 130-131 ; 138-139 ; 144-145 ; 148-149 ; 154-155. Jean-François Rivière : 12-13 ; 18-19 ; 22-23 ; 32-33 ; 36-37 ; 40-41 ; 48-49 ; 54-55 ; 58-59 ; 60-61 ; 78-79 ; 92-93 ; 100-101 ; 106-107 ; 114-115 ; 118-119 ; 128-129 ; 132-133 ; 134-135 ; 136-137 ; 142-143 ; 146-147 ; 152-153. Amiel/Photocuisine : 8. Riou/Photocuisine : 50. Subiros/Photocuisine : 90. Nicolos/Photocuisine : 120.

Stylisme
Perrine Mercat : 14-15 ; 16-17 ; 34-35 ; 44-45 ; 70-71 ; 74-75 ; 80-81 ; 82-83 ; 84-85 ; 86-87 ; 108-109 ; 112-113 ; 122-123 ; 126-127 ; 130-131 ; 138-139 ; 144-145 ; 148-149 ; 154-155. Marianne Paquin : 10-11 ; 20-21 ; 24-25 ; 26-27 ; 28-29 ; 30-31 ; 38-39 ; 42-43 ; 46-47 ; 52-53 ; 56-57 ; 62-63 ; 64-65 ; 66-67 ; 68-69 ; 72-73 ; 76-77 ; 88-89 ; 94-95 ; 96-97 ; 98-99 ; 102-103 ; 104-105 ; 110-111 ; 116-117 ; 124-125 ; 140-141 ; 150-151 ; 156-157. Julie Schwob : 12-13 ; 18-19 ; 22-23 ; 32-33 ; 36-37 ; 40-41 ; 48-49 ; 54-55 ; 58-59 ; 60-61 ; 78-79 ; 92-93 ; 100-101 ; 106-107 ; 114-115 ; 118-119 ; 128-129 ; 132-133 ; 134-135 ; 136-137 ; 142-143 ; 146-147 ; 152-153.

Accessoires culinaires Mathon. Catalogue au 0 892 391 100 (0,34/mn) et www.mathon.fr

Mise en page : François Barillec
Prépresse et fabrication : Glénat Production

Achevé d'imprimer en Espagne en septembre 2012 par Indice S.L.
Calle fluvia num. 81-87 Bajos
08019 Barcelone
Le papier utilisé pour la réalisation de ce livre provient de forêts gérées de manière durable.

Dépôt légal: octobre 2011
ISBN: 978-2-7234-8576-0

Introduction

Accros de chocolat, succombez sans remords à cet ingrédient aux saveurs subtiles.

Osez les mariages de parfums inédits et les préparations originales. Des classiques et incontournables mousses, charlottes et fondants, aux alliances inattendues des gâteaux au chocolat-gingembre, noix de pécan, nougatine...

Moelleux, muffins, brownies, cookies, crèmes, sorbets, mendiants ou encore truffes, découvrez dans cet ouvrage des recettes aussi faciles à faire que délicieuses à déguster qui combleront les petits et les grands gourmands.

l'éditeur

› Sommaire

› Les gâteaux

La bûche glacée *au chocolat*

Ingrédients *6 personnes*

Pour le biscuit

- 2 œufs
- 100 g de sucre
- 25 g de farine
- 30 g de fécule de pommes de terre
- 15 g de beurre pour le moule

Pour la glace

- 100 g de chocolat noir
- 40 cl de crème liquide entière
- 100 g de sucre glace
- 3 jaunes d'œufs
- 3 cuil. à soupe de cacao en poudre

Ustensiles

- 4 saladiers
- 1 fouet
- 1 fouet électrique
- 1 maryse
- 1 moule à cake de 24 cm
- 1 casserole

1 Préparez le biscuit. Préchauffez le four à 180° (th. 6). Cassez les œufs et séparez les blancs des jaunes. Dans un saladier, blanchissez en fouettant les jaunes d'œufs et le sucre. Incorporez progressivement la farine et la fécule.

2 Montez les blancs en neige et ajoutez-les délicatement au mélange à l'aide d'une maryse. Versez la pâte dans le moule beurré et laissez cuire 20 minutes.

3 Préparez la glace. Cassez le chocolat en morceaux dans une casserole et faites-le fondre avec 3 cuil. à soupe d'eau. Mélangez jusqu'à l'obtention d'une crème lisse.

4 Montez la crème liquide en chantilly puis, aux trois quarts, ajoutez 50 g de sucre glace en pluie et finissez de la monter jusqu'à ce qu'elle soit bien ferme.

5 Dans un saladier, fouettez les jaunes et le sucre glace restant. Une fois le mélange homogène, ajoutez le chocolat et finissez par incorporer délicatement la crème Chantilly.

6 Versez la préparation au chocolat dans le moule, recouvrez-la du biscuit cuit (il servira de socle) et laissez prendre au congélateur pendant 3 heures. Au moment de servir, démoulez en plongeant le moule quelques secondes dans l'eau chaude. Saupoudrez ensuite de cacao.

› Les conseils du chef pâtissier

La préparation à base de chocolat doit être froide avant d'incorporer la chantilly. ● Vous pouvez mettre le biscuit à l'intérieur de la glace. ● Vous pouvez réaliser la même recette avec du chocolat blanc. ● Vous pouvez également incorporer des noix de pécan caramélisées dans la glace au dernier moment. ● Vous pouvez incorporer des framboises fraîches dans la glace ou servir des fruits poêlés pour accompagner la bûche.

Le gâteau *choc'abricot*

› Ingrédients *4 personnes*

- 2 œufs
- 120 g de sucre en poudre
- 40 g de farine + 10 g pour le moule
- 60 g de poudre d'amandes
- 60 g de chocolat noir
- 10 cl de crème fraîche liquide
- 10 g de beurre
- 4 cuil. à soupe de confiture d'abricots
- 2 cuil. à soupe de sucre glace

› Ustensiles

- 3 saladiers
- 1 fouet
- 1 casserole
- 1 maryse
- 1 moule carré
- 1 spatule plate

1

2

3

4

5

6

1 Préchauffez le four à 180° (th. 6). Fouettez les œufs et le sucre jusqu'à ce que le mélange forme un ruban et double de volume. Mélangez la farine et la poudre d'amandes dans un autre saladier.

2 Faites fondre le chocolat au bain-mari. Une fois tiède, ajoutez la crème fraîche liquide. Mélangez bien.

3 Incorporez la farine et la poudre d'amande aux œufs à l'aide d'une maryse puis ajoutez le chocolat fondu. Beurrez et farinez le moule, versez la pâte et faites cuire 20 minutes.

4 Démoulez le gâteau sur une grille puis laissez-le refroidir. Une fois refroidi, coupez-le en 8 parts égales.

5 Déposez la confiture d'abricots sur les 4 parts les moins belles. Lissez la confiture et recouvrez avec les 4 autres parts.

6 Saupoudrez de sucre glace avant de déguster.

› Les conseils du chef pâtissier

Vous pouvez utiliser la confiture de votre choix. ● Remplacez la poudre d'amandes par des noisettes ou du pralin. ● Un coulis d'abricots accompagnera parfaitement ce gâteau.

La génoise au chocolat *et à la poire*

Ingrédients *4 personnes*

Pour la génoise

- 6 œufs
- 100 g de sucre semoule
- 100 g de farine + 10 g pour le moule
- 1 sachet de levure chimique
- 1 pincée de sel
- 10 g de beurre

Pour la garniture

- 200 g de chocolat noir
- 1 sachet de sucre vanillé
- 2 cuil. à soupe de maïzena
- 35 cl de lait
- 500 g de poires au sirop

Ustensiles

- 2 saladiers
- 1 fouet électrique
- 1 maryse
- 1 moule à manqué
- 2 casseroles
- 1 fouet
- 1 spatule plate

1

2

3

4

5

6

1 Préparez la génoise. Préchauffez le four à 160° (th. 5-6). Cassez les œufs puis séparez les blancs des jaunes. Dans un saladier, blanchissez 4 jaunes d'œufs avec le sucre semoule. Ajoutez 3 cuil. à soupe d'eau chaude, délayez puis incorporez la farine et la levure chimique.

2 Montez les 6 blancs d'œufs en neige avec le sel : ils doivent être bien fermes. Incorporez-les délicatement aux jaunes d'œufs à l'aide d'une maryse.

3 Beurrez et farinez le moule puis versez la pâte. Faites cuire 25 minutes. Piquez la génoise avec la pointe d'un couteau : elle doit ressortir sèche.

4 Préparez la garniture. Dans une casserole, faites fondre 100 g de chocolat. Laissez-le tiédir quelques minutes puis incorporez très rapidement les jaunes d'œufs restants et le sucre vanillé.

5 Dans une casserole, délayez la maïzena dans un peu de lait à l'aide d'un fouet puis versez doucement le chocolat et le reste de lait. Faites chauffer jusqu'à ce que le mélange épaississe tout en fouettant. Coupez la génoise en 2 dans la hauteur. Coupez les poires en lamelles.

6 Étalez la crème au chocolat sur la partie inférieure de la génoise. Répartissez la moitié des poires puis recouvrez avec la génoise. Faites fondre le reste de chocolat, versez-le tiède sur le gâteau puis laissez prendre sur une grille. Décorez avec le reste de poires. Laissez prendre 30 minutes au frais et servez.

Préparation : 40 minutes | *Repos : 30 minutes* | *Cuisson : 25 minutes*

› Les conseils du chef pâtissier

Si vous utilisez des poires fraîches, pochez-les quelques minutes dans l'eau bouillante pour qu'elles soient fondantes. ● Parfumez la génoise avec une eau-de-vie de prune ou du rhum. ● Vous pouvez ajouter un peu de beurre dans le chocolat qui va napper le gâteau pour le rendre plus brillant.

La charlotte *banane-chocolat*

Ingrédients *6 personnes*

- 200 g de beurre mou
- 200 g de sucre
- 3 bananes
- 3 œufs
- 150 g de chocolat
- 1 pincée de sel
- 30 biscuits à la cuillère
- 20 cl de café allongé très sucré

Ustensiles

- 1 poêle
- 3 saladiers
- 1 casserole
- 1 fouet électrique
- 1 maryse
- 1 moule à charlotte

1

2

3

4

5

6

1 Dans une poêle, faites fondre 50 g de beurre puis saupoudrez 50 g de sucre par-dessus. Épluchez les bananes, coupez-les en 2 dans la longueur et déposez-les sur le beurre caramélisé.

2 Faites cuire de chaque côté jusqu'à ce qu'elles soient bien enrobées de caramel. Réservez à température ambiante.

3 Cassez les œufs et séparez les blancs des jaunes. Dans un saladier, blanchissez les jaunes avec le reste de sucre. Ajoutez le reste de beurre mou et mélangez bien.

4 Faites fondre le chocolat au bain-marie puis incorporez-le aux jaunes d'œufs sucrés. Montez les blancs en neige ferme avec le sel puis incorporez-les délicatement au chocolat froid.

5 Tapissez le moule à charlotte de biscuits trempés rapidement dans le café (imbibez uniquement la face intérieure des biscuits).

6 Garnissez la moitié du moule de mousse au chocolat, déposez les bananes au centre avec quelques biscuits puis recouvrez du reste de mousse au chocolat. Tassez bien avec une assiette et laissez prendre au moins 4 heures au réfrigérateur. Démoulez et dégustez.

› Les conseils du chef pâtissier

Déposez un disque de papier sulfurisé dans le fond du moule, cela facilitera le démoulage. ● Vous pouvez flamber les bananes avec du rhum. ● Vous pouvez par exemple remplacer les bananes par des poires caramélisées.

Le béret *basque*

Ingrédients *6 personnes*

Pour la génoise

- 4 œufs
- 120 g de sucre
- 120 g de farine tamisée + 10 g pour le moule

Pour la crème au chocolat

- 150 g de chocolat
- 100 g de beurre + 20 g pour le moule
- 1 jaune d'œuf
- 60 g de sucre glace
- 2 sachets de sucre vanillé

Pour le décor

- 1 cuil. à soupe de vermicelles au chocolat

Ustensiles

- 1 moule à manqué
- 1 fouet
- 1 casserole
- 3 saladiers
- 1 thermomètre de cuisson
- 1 fouet électrique
- 1 spatule métallique
- 1 couteau à pain
- 1 cercle en carton

1

2

3

4

5

6

1 Préparez la génoise. Préchauffez le four à 180° (th. 6). Beurrez et farinez le moule. Faites chauffer un bain-marie. Versez les œufs et le sucre dans un saladier. Commencez à fouetter à la main au-dessus de la casserole.

2 Lorsque la préparation est à 40°, ôtez du bain-marie et fouettez au fouet électrique jusqu'à complet refroidissement. La préparation doit doubler de volume.

3 Incorporez progressivement la farine à l'aide de la spatule. Versez la pâte dans le moule et faites cuire pendant environ 25 minutes (la coloration doit être belle et la pointe du couteau doit ressortir sèche). Démoulez et laissez refroidir.

4 Cassez le chocolat, coupez le beurre en morceaux, versez-les dans un saladier et faites fondre au bain-marie. Dans un autre saladier, fouettez le jaune d'œuf, le sucre glace et le sucre vanillé puis ajoutez le chocolat fondu. Mélangez bien et laissez refroidir.

5 Découpez la génoise en 2. Posez le premier disque de génoise sur le cercle en carton puis recouvrez de la moitié de la crème au chocolat

6 Posez le deuxième disque de génoise et recouvrez du reste de crème au chocolat. Étalez-en davantage au centre pour donner un effet bombé. Saupoudrez de vermicelles au chocolat et réservez au frais au moins 2 heures.

› Les conseils du chef pâtissier

Ne faites pas trop chauffer la préparation à base d'œufs et de sucre pour la génoise, sinon elle ne montera pas.
● Vous pouvez imbiber la génoise d'un sirop alcoolisé ou même la parfumer au chocolat.
● Vous pouvez réaliser la crème avec du chocolat au lait ou du chocolat blanc.

Le cake au chocolat *du pâtissier*

› Ingrédients *6 personnes*

- 90 g de chocolat noir à 70 % de cacao
- 100 g de farine tamisée + 1 cuil. à soupe pour le moule
- 1 pincée de levure chimique
- 1 cuil. à soupe de cacao en poudre
- 100 g de beurre mou + 10 g pour le moule
- 100 g de sucre glace
- 2 œufs
- 30 g d'amandes en poudre
- 2 cuil. à soupe de rhum

› Ustensiles

- 1 râpe
- 1 moule à cake d'environ 22 cm
- 2 saladiers

1

2

3

4

5

6

1 Râpez le chocolat noir. Beurrez et farinez le moule. Mélangez la farine, la levure et le cacao en poudre dans un saladier.

2 Mélangez dans un autre saladier le beurre mou et le sucre glace. Ajoutez un œuf et les amandes en poudre.

3 Versez la farine en pluie et ajoutez le deuxième œuf. Ajoutez le chocolat râpé.

4 Versez la pâte dans le moule.

5 Mettez à cuire environ 40 minutes. Arrosez le cake de rhum à la sortie du four.

6 Laissez tiédir 5 minutes puis démoulez le cake sur une grille.

Préparation : 20 minutes | *Repos : aucun* | *Cuisson : 40 minutes*

› Les conseils du chef pâtissier

Pour faciliter le démoulage de votre cake, vous pouvez au préalable chemiser le moule avec une feuille de papier sulfurisé.
● Vous pouvez couvrir le cake d'une couche de glaçage au chocolat noir que vous appliquerez une fois votre cake refroidi.
● Vous pouvez servir ce cake avec de la glace à la vanille ou une soupe d'oranges.

Le délice chocolat *aux marrons*

› Ingrédients *3 personnes*

- 150 g de chocolat noir
- 150 g de beurre mou découpé en dés
- 150 g de crème de marron
- 6 marrons glacés
- 50 g de cacao amer en poudre

› Ustensiles

- 1 casserole
- 1 saladier
- 1 spatule
- 1 moule à cake de 18 cm
- 1 passoire fine

1 Mettez une casserole d'eau chaude à chauffer, cassez le chocolat dans un saladier et faites-le fondre au bain-marie.

2 Ajoutez les dés de beurre. Laissez fondre et, hors du feu, mélangez pour obtenir une pâte bien lisse.

3 Ajoutez la crème de marron puis incorporez-la soigneusement à la préparation.

4 Disposez 3 marrons glacés dans le fond du moule à cake et versez la préparation par-dessus.

5 Tapotez un peu le moule pour lisser et couvrez d'un film alimentaire. Mettez au frais pendant 3 heures.

6 Démoulez le délice en plongeant le moule dans l'eau chaude. Saupoudrez de cacao à l'aide de la passoire fine puis décorez avec les marrons glacés restants.

› Les conseils du chef pâtissier

Vous pouvez servir ce dessert avec une crème anglaise. ● Vous pouvez aromatiser ce dessert avec du cognac ou du rhum. ● Vous pouvez également placer un bout de biscuit imbibé (ou non) au centre de la crème.

Le dominicain

Ingrédients *6 personnes*

- 100 g de pistaches non salées
- 4 œufs
- 125 g de chocolat noir
- 125 g de beurre mou + 10 g pour le moule
- 125 g de sucre
- 25 g de farine
- 1 pincée de sel

Pour la glaçage

- 40 g de pistaches non salées
- 100 g de chocolat noir
- 10 cl de crème liquide

Ustensiles

- 1 mixeur
- 4 saladiers
- 2 casseroles
- 1 cuillère en bois
- 1 fouet électrique
- 1 moule à manqué de 24 cm de diamètre

1

2

3

4

5

6

1 Préchauffez le four à 170° (th. 5-6). Réduisez les 100 g de pistaches en poudre à l'aide d'un mixeur ou hachez-les finement à l'aide d'un couteau. Cassez les œufs et séparez les blancs des jaunes.

2 Faites fondre le chocolat au bain-marie. Mélangez le beurre et le sucre pour obtenir un mélange homogène et crémeux.

3 Ajoutez les jaunes d'œufs un à un en mélangeant bien entre chacun. Ajoutez le chocolat fondu et mélangez bien. Ajoutez la poudre de pistaches.

4 Ajoutez le sel dans les blancs d'œufs. Montez-les en neige à l'aide d'un fouet électrique. Incorporez délicatement les blancs dans la préparation au chocolat.

5 Beurrez et farinez le moule. Versez la préparation et enfournez pour 30 à 40 minutes. Attendez que le gâteau soit refroidi pour le démouler et le glacer.

6 Préparez le glaçage. Hachez grossièrement les 40 g de pistaches. Faites fondre le chocolat avec la crème liquide à feu doux. Placez le gâteau sur une grille et versez le chocolat fondu dessus. Parsemez de pistaches hachées.

Les conseils du chef pâtissier

Pour apporter plus de croquant au gâteau, ne réduisez pas les pistaches en poudre mais hachez-les au couteau.
● Pour apporter une petite note de sel à votre gâteau, vous pouvez utiliser pour moitié des pistaches salées et non salées dans la pâte.
● Vous pouvez également torréfier les pistaches au four avant de les hacher.

Le framboisier *au chocolat*

Ingrédients *6 personnes*

Pour le biscuit

- 4 œufs
- 125 g de sucre
- 100 g de farine + 10 g pour le moule
- 60 g de beurre fondu + 10 g pour le moule

Pour la crème patissière

- 3 jaunes d'œufs
- 100 g de sucre
- 20 g de farine • 25 cl de lait
- 30 g de cacao en poudre
- 500 g de framboises
- 50 g de gelée de framboises

Ustensiles

- 1 moule à manqué
- 3 saladiers • 1 fouet
- 1 fouet électrique
- 2 casseroles
- 1 plat de service
- 1 pinceau à pâtisserie

1 Préchauffez le four à 150° (th. 5). Beurrez et farinez le moule à manqué. Cassez les œufs, séparez les blancs des jaunes et montez les blancs en neige bien ferme. Réservez.

2 Ajoutez le sucre dans le saladier de jaunes d'œufs puis mélangez au fouet : le mélange doit être mousseux. Ajoutez la farine, les blancs en neige et le beurre fondu froid. Versez dans le moule à manqué et faites cuire 25 minutes.

3 Préparez la crème. Blanchissez les jaunes d'œufs et le sucre en fouettant, puis ajoutez la farine et le cacao. Faites chauffez le lait, ajoutez-le progressivement dans le mélange et reversez le tout dans la casserole. Laissez cuire 2 minutes tout en fouettant. Réservez et laissez refroidir en filmant au contact de la crème.

4 Coupez le gâteau en 2 dans l'épaisseur. Déposez le premier disque sur le plat de service. Garnissez d'une couche de crème pâtissière puis posez quelques framboises tout autour.

5 Posez le deuxième disque. Couvrez d'une légère couche de crème pâtissière et disposez les framboises bien serrées sur le dessus.

6 Faites fondre la gelée avec quelques gouttes d'eau et nappez les framboises à l'aide du pinceau.

Préparation : 40 minutes | *Repos : 20 minutes* | *Cuisson : 35 minutes*

› Les conseils du chef pâtissier

Vous pouvez dresser votre garniture à l'intérieur d'un cercle à pâtisserie pour que le gâteau soit plus net. ● Vous pouvez donner à ce gâteau une forme carré. ● Vous pouvez légèrement imbiber les biscuits de sirop alcoolisé.

Le gâteau au chocolat *croustillant*

Ingrédients *4 à 6 personnes*

- 100 g de raisins secs
- 3 cuil. à soupe de cognac
- 1 cuil. à soupe d'huile de tournesol
- 200 g de petits biscuits croustillants
- 220 g de chocolat noir pâtissier à 70 % de cacao
- 50 g de beurre
- 15 cl de crème fraîche liquide
- 100 g de pistaches décortiquées et broyées
- 2 cuil. à soupe de cacao en poudre

Ustensiles

- 1 bol
- 1 pinceau à pâtisserie
- 1 moule rond à bords hauts et à fond amovible de 20 cm de diamètre
- 1 saladier • 1 casserole
- 1 passoire fine

1

2

3

4

5

6

1 Déposez les raisins secs et le cognac dans un bol. Couvrez et laissez reposer pendant 1 heure.

2 Huilez l'intérieur du moule à l'aide d'un pinceau. Broyez les biscuits.

3 Faites fondre au bain-marie le chocolat et le beurre. Ôtez du feu et laissez tiédir 2 ou 3 minutes.

4 Ajoutez la crème fraîche dans le chocolat puis mélangez. Ajoutez ensuite les pistaches, les raisins et les biscuits puis mélangez. Garnissez le moule de pâte.

5 Couvrez d'un film alimentaire et laissez au frais pendant 4 heures.

6 Démoulez délicatement le gâteau puis saupoudrez-le de cacao. Servez très frais.

Préparation : 20 minutes | *Repos : 5 heures* | *Cuisson : 20 minutes*

› Les conseils du chef pâtissier

Vous pouvez préparer votre gâteau la veille et le placer au réfrigérateur jusqu'au lendemain, il n'en sera que meilleur.
● Pour votre préparation, choisissez des galettes au beurre, des gavottes, des biscuits au gingembre ou à la cannelle.

Le gâteau au chocolat et *aux deux gingembres*

› Ingrédients *8 personnes*

- 200 g de chocolat noir à 60 % de cacao
- 100 g de beurre + 10 g pour le moule
- 125 g de sucre en poudre
- 250 g de farine + 10 g pour le moule
- 1 cuil. à café de gingembre en poudre
- 5 cl de lait
- 4 œufs
- 1 pincée de sel
- 50 g de gingembre confit
- 1 sachet de levure chimique

› Ustensiles

- 2 casseroles
- 2 saladiers
- 1 fouet
- 1 tamis
- 1 fouet électrique
- 1 spatule
- 1 moule à bords hauts d'environ 24 cm de diamètre

1

2

3

4

5

6

1 Cassez le chocolat en petits carrés. Faites-le fondre au bain-marie avec le beurre découpé en dés. Mélangez et ôtez du feu. Réservez. À part, cassez les œufs et séparez les blancs des jaunes.

2 Dans un saladier, fouettez les jaunes avec le sucre en poudre. Tamisez ensemble la farine, la levure chimique et le gingembre en poudre puis incorporez-les progressivement dans le saladier. Délayez avec le lait. Ajoutez la préparation chocolat.

3 Préchauffez le four à 180° (th. 6). Montez les blancs en neige au fouet électrique avec la pincée de sel. Incorporez peu à peu à la préparation précédente en soulevant la masse à la spatule.

4 Émincez le gingembre confit en dés d'environ 1 cm de côté. Ajoutez-les dans la pâte et mélangez pour bien les répartir.

5 Beurrez et farinez légèrement le moule. Versez la pâte. Mettez à cuire environ 40 minutes.

6 Laissez tiédir avant de démouler et laissez refroidir sur une grille.

Préparation : 20 minutes | *Repos : aucun* | *Cuisson : 45 minutes*

› Les conseils du chef pâtissier

Si vous appréciez la saveur du gingembre confit, doublez la quantité puis émincez-le en fines lanières : elles apporteront un agréable piquant à votre gâteau. ● Pour éviter que vos dés de gingembre confit tombent au fond du moule pendant la cuisson, vous pouvez légèrement les fariner.

Le gâteau au yaourt *au chocolat*

› Ingrédients *4 personnes*

- 180 g de chocolat noir pâtissier
- 1/2 pot de sucre semoule
- 2 pots de farine
  + 1 cuil. à soupe pour le moule
- 1/2 sachet de levure chimique
- 1 yaourt nature
- 3 œufs
- 1 pot d'huile
- 20 g de beurre
- 2 cuil. à soupe de cacao en poudre

› Ustensiles

- 1 casserole
- 1 saladier
- 1 spatule
- 1 moule rond à bords hauts de 22 cm de diamètre
- 1 passoire fine

1 Faites fondre le chocolat dans une casserole. Préchauffez le four à 200° (th. 6-7).

2 Mélangez le sucre semoule, la farine et la levure dans un saladier.

3 Ajoutez le yaourt, les œufs, l'huile et le chocolat fondu.

4 Beurrez et farinez légèrement le moule. Versez la pâte dans le moule.

5 Mettez à cuire environ 35 minutes. Laissez tiédir 5 minutes puis démoulez sur une grille.

6 Saupoudrez de cacao au moment de servir.

› Les conseils du chef pâtissier

Vous pouvez hacher le chocolat ou encore incorporer des pépites de chocolat dans votre pâte.
● Vous pouvez aussi parfumer votre pâte avec un zeste d'orange finement râpé.

Le gâteau aux noix de pécan *et au chocolat*

› Ingrédients *4 personnes*

- 80 g de chocolat noir
- 125 g de beurre mou + 10 g pour le moule
- 180 g de farine + 1 cuil. à soupe pour le moule
- 1/2 sachet de levure chimique
- 125 g de sucre cassonade
- 3 œufs entiers + 1 jaune
- 120 g de noix de pécan hachées

Pour la décoration

- 100 g de chocolat noir râpé
- 50 g de crème fraîche

› Ustensiles

- 1 moule rond de 22 cm de diamètre
- 1 râpe
- 2 casseroles
- 2 saladiers
- 1 spatule

1 Préchauffez le four à 180° (th. 6). Beurrez et farinez le moule. Râpez le chocolat.

2 Faites fondre le beurre dans une casserole. Ôtez la casserole du feu.

3 Mélangez la farine avec la levure dans un saladier.

4 Versez le sucre dans un autre saladier. Incorporez les œufs entiers un à un puis le jaune.

5 Ajoutez le mélange à base d'œufs et de sucre dans la farine. Ajoutez ensuite le beurre fondu puis le chocolat râpé et les noix de pécan hachées et mélangez le tout.

6 Versez la pâte dans le moule. Mettez à cuire environ 30 minutes. Laissez tiédir et démoulez sur une grille. Faites fondre le chocolat râpé dans une casserole. Ôtez du feu et ajoutez la crème fraîche. Couvrez le gâteau de ce mélange. Laissez durcir.

Préparation : 25 minutes | *Repos : aucun* | *Cuisson : 40 minutes*

› Les conseils du chef pâtissier

Vous pouvez saupoudrer ce gâteau d'une fine couche de cacao ou de sucre glace au moment de le servir.
● Vous pouvez savourer ce gâteau avec un thé ou un chocolat chaud, ou l'accompagner d'une bonne salade de fruits.

Le gâteau *de Capri*

› Ingrédients *6 personnes*

- 10 g de farine
- 5 gros œufs
- 150 g de sucre
- 250 g de poudre d'amandes
- 1 sachet de levure chimique
- 200 g de chocolat noir à 70 % de cacao
- 40 g de beurre mou découpé en dés + 10 g pour le moule
- 6 cl d'espresso
- 2 cuil. à soupe de sucre glace

› Ustensiles

- 1 moule à gâteau de 30 cm de diamètre
- 2 saladiers • 1 fouet
- 1 bol • 1 casserole
- 1 spatule
- 1 plat de service
- 1 passoire fine

1

2

3

4

5

6

1 Préchauffez le four à 200° (th. 6-7). Beurrez et farinez le moule.

2 Dans un saladier, fouettez les œufs et le sucre jusqu'à ce que le mélange devienne mousseux.

3 Dans un bol, mélangez la poudre d'amandes et la levure puis incorporez-les au mélange œufs-sucre.

4 Au bain-marie, faites fondre le chocolat et les dés de beurre. Une fois le mélange lisse, ajoutez l'espresso.

5 Versez le chocolat sur la première préparation, mélangez bien puis versez dans le moule. Faites cuire 10 minutes à 200° (th. 6-7) puis 30 minutes à 170° (th. 5-6).

6 Laissez refroidir sur une grille, déposez le gâteau sur un plat de service et saupoudrez-le de sucre glace. Servez aussitôt.

› Les conseils du chef pâtissier

Le gâteau doit être bien froid avant de le saupoudrer de sucre glace. ● Vous pouvez le parfumer avec une épice (cardamone, cannelle...). ● Vous pouvez ajouter des fruits secs concassés à la pâte.

Le gâteau glacé *café-chocolat*

› Ingrédients *4 personnes*

Pour la gâteau

- 75 g de chocolat noir
- 50 g de beurre + 10 g pour le moule
- 125 g de sucre en poudre
- 50 g de farine + 10 g pour le moule
- 1/2 cuil. à café de levure chimique
- 2 œufs

Pour la glace

- 2 cuil. à café de café lyophilisé
- 2 blancs d'œufs
- 125 g de sucre
- 30 cl de crème liquide
- 50 g de noix hachées
- 2 cuil. à soupe de cacao en poudre

› Ustensiles

- 1 casserole
- 1 maryse
- 1 moule à manqué
- 1 couteau à pain
- 1 bol ● 1 saladier
- 1 fouet électrique

1

2

3

4

5

6

1 Préparez le gâteau. Préchauffez le four à 180° (th. 6). Faites fondre le chocolat dans une casserole avec le beurre. Hors du feu, ajoutez le sucre, la farine, la levure et les œufs. Mélangez bien.

2 Versez la pâte dans le moule beurré. Faites cuire 20 à 30 minutes. Vérifiez la cuisson avec la pointe d'un couteau et poursuivez si nécessaire.

3 Une fois le gâteau refroidi, démoulez-le et coupez-le en 2 à l'aide d'un couteau à pain.

4 Préparez la glace. Diluez le café dans 2 cuil. à soupe d'eau bouillante. Montez les blancs en neige et ajoutez le sucre à la fin. Montez la crème liquide en chantilly bien ferme.

5 Mélangez délicatement la crème Chantilly, le café et les blancs en neige. Terminez par les noix hachées.

6 Déposez une moitié de gâteau au fond du moule, recouvrez avec la garniture à base de café et de noix puis terminez par l'autre moitié de gâteau. Laissez prendre une nuit au congélateur. Démoulez avant de servir et saupoudrez de cacao.

Préparation : 40 minutes | *Repos : 12 heures* | *Cuisson : 30 minutes*

› Les conseils du chef pâtissier

Vous pouvez légèrement imbiber le gâteau de sirop alcoolisé. ● Vous pouvez parfumer la glace avec de la vanille à la place du café. ● Servez ce gâteau avec une sauce au chocolat chaud.

Le gâteau *napolitain*

› Ingrédients *6 personnes*

Pour le biscuit

- 1 yaourt ● 3 pots de sucre ● 4 œufs
- 4 pots de farine
- 3/4 de sachet de levure chimique
- 1/2 pot d'huile
- 1 cuil. à café de vanille liquide
- 3 cuil. à soupe de cacao amer

Pour la crème au cacao

- 18 cuil. à soupe de lait concentré sucré
- 6 cuil. à soupe de cacao amer
- 1 cuil. à soupe de rhum

Pour le glaçage

- 180 g de sucre glace
- 100 g de vermicelles au chocolat

› Ustensiles

- 3 saladiers ● 1 fouet
- 1 moule à génoise rectangulaire
- 1 couteau à pain
- 1 plat de service ● spatule
- 1 spatule plate ● 1 bol

1

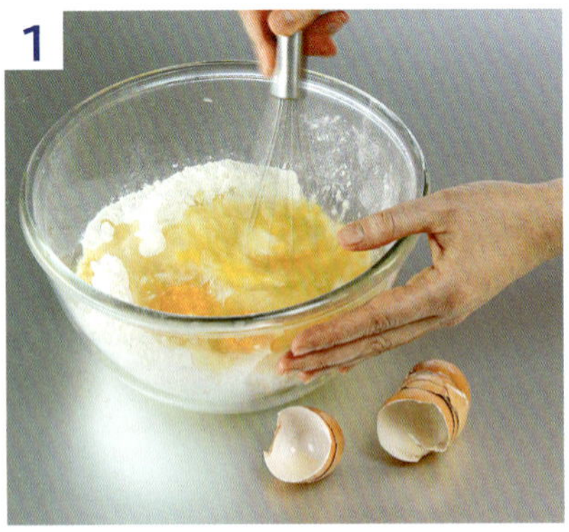

2

3

4

5

6

1 Préchauffez le four à 190° (th. 6-7). Dans un saladier, versez le yaourt (utilisez le pot pour les mesures), le sucre, la farine et la levure. Mélangez puis ajoutez les œufs et l'huile. Fouettez pour obtenir une pâte homogène.

2 Versez le mélange dans 2 saladiers. Versez la vanille liquide dans l'un et le cacao ainsi que 5 cuil. à soupe d'eau chaude dans l'autre. Huilez et farinez le moule, versez la première préparation et faites cuire 15 minutes puis démoulez. Huilez et farinez le moule puis faites cuire la deuxième préparation.

3 Dans un saladier, mélangez le lait concentré sucré avec le cacao et le rhum. Coupez le biscuit à la vanille en 2 dans la hauteur à l'aide d'un couteau à pain.

4 Posez une couche de biscuit à la vanille sur le plat de service puis recouvrez de crème au cacao. Lissez à l'aide d'une spatule. Posez le biscuit au cacao, recouvrez de crème au cacao puis posez la deuxième couche de biscuit à la vanille.

5 Préparez le glaçage en mélangeant le sucre glace avec 3 cuil. à soupe d'eau chaude (le mélange doit être épais mais souple). Si le mélange est trop épais, rajoutez un peu d'eau chaude.

6 Recouvrez le gâteau de glaçage et lissez avec la spatule. Saupoudrez de vermicelles au chocolat. Coupez les bords du gâteau avec un couteau à pain pour retirer les coulures. Laissez prendre au frais pendant environ 1 heure.

› Les conseils du chef pâtissier

Utilisez la plus belle couche du biscuit à la vanille pour le dessus du gâteau. Le nappage sera ainsi plus régulier. ● Étalez une fine couche de crème au cacao entre les biscuits, sinon vous risquez de ne pas en avoir assez et le gâteau sera écœurant. ● Vous pouvez par exemple parfumer vos deux biscuits au café et à la noix de coco. ● Vous pouvez laisser le lait concentré nature ou le parfumer avec un peu d'amaretto ou un coulis de fruits rouges.

Le gâteau orange *et chocolat*

› Ingrédients *6 personnes*

- 100 g de beurre mou en dés
- 180 g de sucre en poudre
- 100 g d'amandes en poudre
- 1 orange non traitée
- 180 g de chocolat à 70 %
- 4 jaunes d'œufs ● 4 blancs d'œufs
- 1 pincée de sel
- 1 cuil. à soupe de lait
- 100 g de farine tamisée
- 1 cuil. à soupe de cacao en poudre
- 1/2 sachet de levure chimique
- 1 cuil. à soupe de sucre glace
- 2 cuil. à soupe de lanières d'orange confite

› Ustensiles

- 3 saladiers ● 1 râpe fine
- 1 casserole à fond épais
- 1 fouet ● 1 petite passoire
- 1 fouet électrique ● 1 spatule
- 1 moule à bords hauts d'environ 24 cm de diamètre

1 Préchauffez le four à 160° (th. 5). Mélangez le beurre, le sucre et les amandes en poudre dans un saladier. Rincez et essuyez l'orange. Râpez finement le zeste. Ajoutez-le dans le saladier.

2 Faites fondre le chocolat dans une casserole. Ajoutez le chocolat fondu, le lait et les jaunes d'œufs dans le mélange beurre-sucre-amandes. Fouettez quelques instants.

3 Montez les blancs en neige avec 1 pincée de sel en vous aidant d'un fouet électrique. Mélangez la farine tamisée, le cacao et la levure dans un saladier.

4 Incorporez un quart des blancs en neige dans la pâte. Versez la farine et la levure en pluie puis mélangez. Incorporez peu à peu le reste des blancs en neige.

5 Beurrez et farinez légèrement le moule. Remplissez le moule de pâte.

6 Mettez à cuire environ 30 minutes. Laissez refroidir avant de démouler. Déposez sur une grille. Saupoudrez de sucre glace à l'aide d'une petite passoire. Décorez avec les lanières d'orange confite.

Préparation : 20 minutes | *Repos : aucun* | *Cuisson : 30 minutes*

› Les conseils du chef pâtissier

Le démoulage de votre gâteau sera encore plus facile si vous choisissez un moule à charnières. ● Vous pouvez acheter vos oranges confites chez un pâtissier, elles sont souvent meilleures. Conservez-les dans une boîte en métal sans les exposer à l'humidité ni à la lumière. ● Vous pouvez parfumer la pâte d'une cuil. à soupe de Grand Marnier ou de rhum.

Le mille-feuille *au chocolat*

Ingrédients *3 personnes*

- 250 g de pâte feuilletée
- 50 g de sucre glace
- 50 cl de lait
- 1 gousse de vanille
- 60 g de sucre semoule
- 5 jaunes d'œufs
- 35 g de farine
- 30 g de maïzena
- 150 g de chocolat noir

Ustensiles

- 1 rouleau à pâtisserie
- 1 passoire fine
- 2 casseroles
- 2 saladiers
- 1 fouet
- 1 spatule plate

1
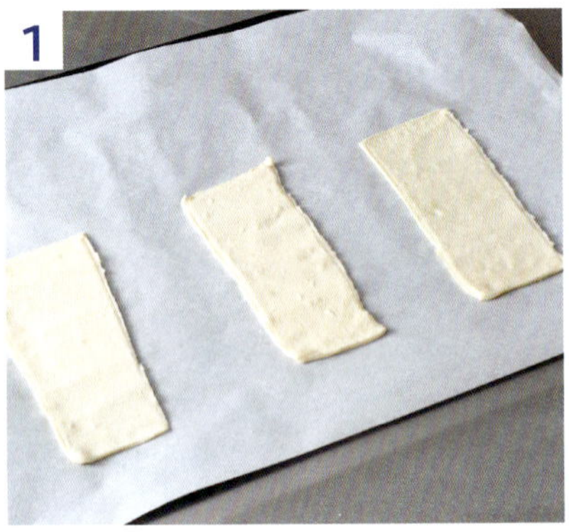

2

3

4

5

6

1 Préchauffez le four à 180° (th. 6). Étalez la pâte puis découpez-la en 3 bandes de même dimension. Disposez les bandes sur la plaque pour le four recouverte de papier sulfurisé.

2 Piquez la pâte feuilletée à l'aide d'une fourchette, dessinez des vagues sur une bande de pâte à l'aide d'un couteau et cuisez-les recouvertes d'une grille afin qu'elles ne gonflent pas trop pendant 10 minutes. Réservez à température ambiante.

3 Prenez la bande de feuilletage décorée de vagues, saupoudrez-la de sucre glace et passez-la au four quelques secondes pour le caraméliser.

4 Faites chauffer le lait avec la gousse de vanille fendue en 2 dans la longueur (grattez les graines à l'aide de la pointe d'un couteau) et laissez infuser. Dans un saladier, fouettez le sucre et les jaunes d'œufs puis ajoutez la farine et la maïzena en pluie.

5 Retirez la gousse de vanille. Versez un peu de lait sur le mélange à base de jaunes d'œufs pour le détendre. Reversez le tout dans la casserole, fouettez et faites bouillir au moins 2 minutes sans cesser de remuer.

6 Faites fondre le chocolat puis incorporez-le dans la crème pâtissière. Montez le mille-feuille en alternant feuilletage et crème pâtissière. Terminez par la bande de feuilletage caramélisée.

Préparation : 45 minutes | *Repos : aucun* | *Cuisson : 15 minutes*

› Les conseils du chef pâtissier

Attention, selon le four utilisé, le feuilletage colore très vite ! ● Vous pouvez incorporer un peu de chantilly à la crème pâtissière au chocolat si vous la trouvez trop épaisse. ● Vous pouvez aromatiser la crème pâtissière au parfum que vous voulez (rhum, café...). ● Vous pouvez déposer quelques framboises sur la crème pâtissière au chocolat avant de la recouvrir de feuilletage.

Le vacherin glacé *au chocolat*

Ingrédients *6 personnes*

- 1 l de glace au chocolat

Pour la meringue

- 3 blancs d'œufs
- 150 g de sucre

Pour la chantilly

- 20 cl de crème liquide entière
- 20 g de sucre glace

Pour le décor

- 4 cuil. à soupe de copeaux de chocolat

Ustensiles

- 2 saladiers
- 1 poche à douille
- 1 fouet électrique
- 1 spatule
- 1 douille lisse (10/15)
- 1 douille cannelée
- 1 moule à charlotte de 20 cm de diamètre
- 1 plat de service

1

2

3

4

5

6

1 Préparez la meringue. Fouettez les blancs d'œufs et un tiers du sucre. Quand les blancs commencent à monter, ajoutez encore un tiers du sucre. Continuez à fouettez jusqu'à ce que les blancs soient très fermes et très brillants. Ajoutez alors le reste de sucre et fouettez jusqu'à ce que les blancs forment un pic au bout des fouets.

2 Préchauffez le four à 100° (th. 3-4). Déposez un papier cuisson sur la plaque du four. Dessinez 2 cercles de 18 cm de diamètre (adaptez la taille des cercles à celle de votre moule). Mettez la meringue dans la poche à douille avec la douille lisse. Formez 2 disques de meringue en spirale en commençant par le centre.

3 Formez une douzaine de coques en meringue d'environ 4 cm de large et aussi hautes que votre moule (10 cm dans le cas d'un moule à charlotte). Enfournez pour au moins 3 heures jusqu'à ce que les meringues soient dures, décollez-les du papier cuisson et laissez refroidir.

4 Sortez la glace du congélateur quelques minutes avant pour qu'elle soit souple (ou passez-la quelques secondes au four à micro-ondes). Déposez un disque de meringue au fond du moule. Remplissez le moule de glace et tassez bien. Posez le deuxième disque de meringue. Mettez au congélateur environ 30 minutes.

5 Fouettez la crème liquide et le sucre glace avec le fouet électrique jusqu'à ce que la crème soit ferme. Mettez la chantilly dans la poche à douille avec la douille cannelée. Sortez le moule du congélateur et démoulez sur un plat (si nécessaire, trempez le moule quelques secondes dans de l'eau très chaude).

6 Mettez un peu de chantilly sur la face plate des coques en meringue et collez-les sur le tour du vacherin. Remplissez les intervalles d'un trait de chantilly. Remettez le vacherin quelques minutes au congélateur pour bien coller les coques. Décorez le vacherin de rosaces de chantilly et de copeaux de chocolat.

› Les conseils du chef pâtissier

Si la meringue commence à jaunir à la cuisson, c'est que votre four est trop chaud. ● Vous pouvez préparer le vacherin à l'avance à l'exception du décor final en chantilly. Sortez-le quelques instants avant de le servir pour que la glace ne soit pas trop dure. ● Vous pouvez préparer une glace au chocolat maison avec les jaunes d'œufs.

Les marquises *aux trois chocolats*

› Ingrédients *4 personnes*

- 200 g de chocolat noir
- 300 g de chocolat blanc
- 250 g de chocolat au lait
- 50 cl de crème liquide
- Des copeaux de chocolat (ou du cacao en poudre)

› Ustensiles

- 1 casserole • 4 saladiers
- 1 spatule • 1 maryse
- 1 fouet électrique
- 1 cercle à pâtisserie
- 1 spatule plate

1 Préparez un bain-marie. Faites fondre les chocolats dans leur saladier respectif puis réservez-les à température ambiante. Montez la crème liquide en chantilly.

2 Une fois le chocolat noir tiède, incorporez délicatement 20 cl de crème montée. Garnissez le cercle et réservez au frais.

3 Faites de même avec le chocolat blanc et mélangez-le avec 15 cl de crème montée. Garnissez le cercle de nouveau en gardant suffisamment de place pour le chocolat au lait.

4 Incorporez enfin les 15 cl de crème montée restants au chocolat au lait. Garnissez le cercle et lissez le dessus avec une spatule plate.

5 Laissez prendre pendant 4 heures au frais. Retirez le cercle en vous aidant de la lame d'un couteau chauffée.

6 Décorez avec les copeaux de chocolat ou saupoudrez de cacao.

Préparation : 25 minutes | *Repos : 4 heures* | *Cuisson : 5 minutes*

› Les conseils du chef pâtissier

Les chocolats doivent être tièdes et la crème bien ferme pour obtenir un résultat aéré. ● Vous pouvez ajouter une couche de mousse de fruits. ● Vous pouvez réaliser une base avec de la pralinoise et des gavottes écrasées.

Les biscuits et petits gâteaux

Les allumettes *au chocolat*

› Ingrédients *6 personnes*

- 300 g de pâte feuilletée
- 10 g de farine
- 1 jaune d'œuf
- 2 cuil. à soupe d'eau
- 60 g de pépites de chocolat
- 60 g de sucre

› Ustensiles

- 1 rouleau à pâtisserie
- 1 bol

1 Préchauffez le four à 180° (th. 6). Étalez la pâte feuilletée sur un plan de travail fariné. Fouettez dans un bol le jaune d'œuf et l'eau.

2 Découpez des bandelettes de pâte d'environ 15 cm de long sur 5 cm de large.

3 Rangez les bandelettes sur la plaque pour le four recouverte de papier sulfurisé. Badigeonnez-les bandelettes d'un peu de jaune d'œuf battu.

4 Répartissez les pépites de chocolat sur les bandelettes de pâte. Saupoudrez de sucre.

5 Rabattez la moitié de chaque bandelette de pâte. Placez au four environ 12 minutes.

6 Laissez ensuite refroidir les allumettes sur une grille à pâtisserie puis dégustez.

› Les conseils du chef pâtissier

Vous pouvez acheter votre pâte feuilletée chez le pâtissier ou encore choisir une pâte prête à étaler au rayon frais ou surgelé.
● Gardez les allumettes à l'abri de l'humidité afin qu'elles conservent leur croustillant.

Les biscuits à la cuillère *au cacao*

Ingrédients *6 personnes*

- 75 g de sucre semoule
- 3 jaunes d'œufs
- 1/2 cuil. à café d'extrait de vanille liquide
- 75 g de farine tamisée
- 10 g de cacao en poudre
- 3 blancs d'œufs
- 1 pincée de sel

Ustensiles

- 2 saladiers
- 1 fouet électrique
- 1 spatule
- 1 spatule plate
- 1 poche à douille
- 1 douille lisse de 1 cm de diamètre

1

2

3

4

5

6

1 Préchauffez le four à 160° (th. 5-6). Mélangez dans un saladier le sucre semoule avec les jaunes d'œufs et la vanille liquide.

2 Incorporez la farine et le cacao en pluie. Fouettez les blancs en neige ferme dans un autre saladier en ajoutant 1 pincée de sel.

3 Incorporez peu à peu les blancs en neige dans la préparation.

4 Recouvrez la plaque du four d'une feuille de papier sulfurisé. Garnissez la poche à douille de pâte au cacao.

5 Formez des bâtonnets de pâte de 10 cm de long en prenant soin de bien les espacer.

6 Mettez à cuire au four environ 12 minutes en conservant la porte entrouverte. À la sortie du four, décollez les biscuits de la plaque et laissez refroidir sur une grille.

› Les conseils du chef pâtissier

Vous pouvez aussi former ces biscuits en utilisant 2 cuillères à soupe. ● Il est possible de saupoudrer les biscuits cuits et refroidis d'une fine couche de cacao en poudre ou de sucre glace. ● Servez ces biscuits avec un café ou pour le goûter des enfants.

Les biscuits *chocolat-cerise*

Ingrédients *4 personnes*

- 2 œufs
- 80 g de farine
- 80 g de sucre
- 1/2 cuil. à café de levure
- 1 pincée de sel
- 80 g de beurre mou
- 80 g de chocolat noir
- 15 cerises

Ustensiles

- 2 saladiers
- 1 cuillère en bois
- 1 casserole
- 1 plaque de moules de la forme de votre choix (financiers, madeleines...)

1

2

3

4

5

6

1 Préchauffez le four à 210° (th. 7). Cassez les œufs et séparez les blancs des jaunes. Mélangez la farine, le sucre, la levure, le sel et les jaunes d'œufs à l'aide d'une cuillère en bois.

2 Battez les blancs d'œufs à la fourchette et incorporez-les à la pâte. Ajoutez ensuite le beurre mou.

3 Faites fondre le chocolat dans une casserole. Dénoyautez les cerises et coupez-les en petits morceaux. Incorporez-les à la pâte ainsi que le chocolat.

4 Répartissez la pâte dans les moules.

5 Faites cuire pendant 8 à 10 minutes. Vérifiez la cuisson avec la pointe d'un couteau puis sortez les biscuits du four.

6 Démoulez sur une grille et laissez refroidir. Dégustez.

Préparation : 20 minutes | *Repos : aucun* | *Cuisson : 10 minutes*

› Les conseils du chef pâtissier

Utilisez le chocolat de votre choix (lait ou blanc). ● Hors saison, remplacez les cerises fraîches par des cerises confites. ● Utilisez les fruits de votre choix (poires, abricots...).

Les browniesà *l'ananas*

Ingrédients *6 personnes*

- 340 g d'ananas au sirop (poids égoutté)
- 200 g de sucre
- 1 sachet de sucre vanillé
- 2 œufs
- 125 g de beurre fondu + 10 g pour le moule
- 150 g de farine + 10 g pour le moule
- 100 g de chocolat noir à 70 % de cacao fondu

Ustensiles

- 1 passoire
- 1 saladier
- 1 fouet électrique • 1 fouet
- 1 moule carré d'environ 20 cm de côté

1

2

3

4

5

6

1 Préchauffez le four à 200° (th. 6-7). Égouttez l'ananas puis coupez-le en petits dés. Réservez.

2 Dans un saladier, fouettez le sucre, le sucre vanillé et les œufs à l'aide d'un fouet électrique. Incorporez ensuite progressivement le beurre fondu.

3 Quand le mélange est homogène, intégrez doucement la farine puis le chocolat fondu.

4 Beurrez et farinez le moule. Ajoutez les dés d'ananas au reste de la préparation puis répartissez le mélange dans le moule.

5 Faites cuire 40 minutes au four. La lame du couteau doit ressortir sèche.

6 Au bout de quelques minutes, démoulez le gâteau sur une grille, laissez refroidir puis découpez-le en petits carrés.

Préparation : 20 minutes | *Repos : aucun* | *Cuisson : 40 minutes*

› Les conseils du chef pâtissier

Tapez le moule sur le plan de travail pour lissez la préparation avant de la mettre au four. ● Vous pouvez utiliser les fruits au sirop de votre choix. ● Découpez de belles parts de gâteau et accompagnez-les d'une glace au parfum exotique (fruits de la passion, noix de coco...).

Les brownies *au chocolat*

› Ingrédients *6 personnes*

- 125 g de beurre
  + 10 g pour le moule
- 150 g de sucre semoule
- 3 œufs
- 70 g de farine tamisée
- 200 g de chocolat noir
- 150 g de cerneaux de noix

› Ustensiles

- 3 casseroles
- 1 saladier
- 1 fouet
- 1 moule carré de 20 cm environ

1

2

3

4

5

6

1 Préchauffez le four à 150° (th. 5). Faites fondre le beurre à feu doux.

2 Mélangez rapidement le beurre fondu et le sucre. Ajoutez les œufs puis la farine en une seule fois.

3 Cassez le chocolat en morceaux. Faites-le fondre doucement au bain-marie tout en remuant.

4 Concassez les cerneaux de noix.

5 Incorporez le chocolat fondu et les noix concassées dans la pâte. Beurrez le moule.
Remplissez le moule de pâte.

6 Mettez à cuire environ 22 minutes. Laissez refroidir puis découpez des carrés.

Préparation : 10 minutes | *Repos : aucun* | *Cuisson : 22 minutes*

› Les conseils du chef pâtissier

Vous pouvez concasser les noix à l'aide d'un mortier ou bien les placer dans un linge et utiliser un rouleau à pâtisserie.
● Enveloppez le brownie de film alimentaire et dégustez-le le lendemain. Il sera encore plus savoureux.
● Vous pouvez incorporer 50 g d'éclats de pistache dans votre pâte à brownie.

Les croques *banane-chocolat*

Ingrédients *2 personnes*

- 40 g de chocolat noir
- 30 g de beurre
- 40 g de sucre en poudre
- 1 banane
- 4 tranches de pain de mie
- 10 cl de crème fraîche

Ustensiles

- 1 saladier
- 1 casserole
- 1 spatule
- 1 poêle
- 1 appareil à croque-monsieur

1 Faites fondre le chocolat au bain-marie. Maintenez-le tiède.

2 Faites fondre le beurre dans une poêle. Saupoudrez-le de sucre puis laissez caraméliser.

3 Dès que le caramel prend une belle couleur, déposez les rondelles de banane. Enrobez les bananes de caramel en effectuant des mouvements rotatifs avec la poêle. Faites cuire 1 minute et réservez.

4 Réalisez les croques en disposant 1 tranche de pain de mie, 1 cuillère à soupe de chocolat fondu et la moitié des bananes caramélisées (sans la sauce).

5 Recouvrez d'une autre tranche de pain de mie et faites cuire dans l'appareil à croque-monsieur.

6 Faites chauffer la poêle avec le reste de caramel, déglacez avec la crème fraîche et servez la sauce avec les croques chauds.

Préparation : 15 minutes | *Repos : aucun* | *Cuisson : 10 minutes*

› Les conseils du chef pâtissier

Préférez le pain de mie brioché pour cette recette. ● Vous pouvez flamber les bananes avec du rhum. ● Utilisez le fruit et le chocolat de votre choix.

Les mélis-mélos chocolat *et griottines*

Ingrédients *4 personnes*

Pour les mousses

- 100 g de chocolat blanc
- 100 g de chocolat noir
- 300 g de crème liquide entière

Pour les tuiles

- 100 g de sucre glace
- 50 g de farine
- 40 g de cacao
- 20 g de beurre mou
- 3 blancs d'œufs
- 500 g de griottines
- 20 g de sucre glace

Ustensiles

- 2 casseroles
- 3 saladiers
- 1 spatule plate
- 1 robot mixeur
- 1 fouet électrique
- 2 poches à douille (douilles cannelées)

1 Faites fondre les deux chocolats séparément au bain-marie.

2 Montez la crème en chantilly bien ferme et séparez-la en 2 parts. Mélangez petit à petit la chantilly avec chaque chocolat fondu. Vous obtenez 2 mousses que vous réserverez au réfrigérateur pendant 1 heure.

3 Mixez ensemble les 100 g de sucre glace, la farine, le cacao, le beurre mou et les blancs d'œufs jusqu'à obtenir une pâte lisse.

4 Préchauffez le four à 170° (th. 5-6). Sur une plaque de four recouverte de papier sulfurisé, formez des cercles fins d'environ 10 cm de diamètre à l'aide du dos d'une cuillère à soupe. Comptez-en 3 par personne. Cuisez pendant 5 à 8 min. La pâte doit être sèche au toucher. Décollez les tuiles délicatement à l'aide d'une spatule et posez-les sur une grille à pâtisserie.

5 Égouttez les griottines. Garnissez les poches avec les mousses.

6 Montez chaque méli-mélo à la façon d'un mille-feuille en alternant les couches : tuile, mousse au chocolat blanc parsemée de griottines, tuile et mousse au chocolat noir parsemée de griottines. Finissez par une tuile saupoudrée de sucre glace.

› Les conseils du chef pâtissier

Les tuiles sont très fragiles, maniez-les donc avec précaution. ● Réalisez les mélis-mélos au dernier moment, sinon les tuiles au chocolat ramollissent. ● Le principe est le même avec du chocolat au lait, aux noisettes... ● Vous pouvez remplacer les griottines par le fruit de votre choix.

Les éclairs blancs fourrés *au chocolat noir*

Ingrédients *pour 8 éclairs*

- 6 cl d'eau
- 6 cl de lait
- 50 g de beurre + 5 g pour la plaque
- 1 cuil. à café de sucre en poudre
- 1 pincée de sel
- 75 g de farine à pâtisserie tamisée + 10 g pour la plaque
- 2 œufs + 1 œuf
- 400 g de crème pâtissière au chocolat
- 80 g de fondant

Ustensiles

- 2 casseroles
- 1 poche munie d'une douille ronde n° 10
- 1 pinceau à pâtisserie
- 1 couteau-scie
- 1 thermomètre
- 1 spatule

1

2

3

4

5

6

1 Préchauffez le four à 200° (th. 7). Faites chauffer dans une casserole l'eau, le lait, le beurre, le sucre et le sel. Ôtez la casserole du feu au premier bouillon. Versez la farine en une seule fois. Mélangez rapidement. Remettez sur le feu et faites chauffer 1 min sans cesser de mélanger.

2 Ajoutez les 2 œufs l'un après l'autre en continuant de mélanger. Ôtez du feu. Beurrez et farinez une plaque à pâtisserie. Garnissez la poche à douille de pâte à choux. Formez 8 bâtons de 10 cm de long environ sur la plaque.

3 Dorez à l'œuf battu à l'aide d'un pinceau. Rayez légèrement le dessus avec une fourchette mouillée. Faites cuire 20 min au four. Laissez refroidir sur une grille. Incisez chaque éclair sur le côté à l'aide d'un couteau-scie.

4 Remplissez les éclairs de crème pâtissière au chocolat à l'aide de la poche à douille. Refermez les éclairs en appuyant légèrement avec les doigts.

5 Faites ramollir le fondant à feu doux dans une petite casserole. Mélangez avec une spatule jusqu'à ce que le fondant ait atteint la température de 35°.

6 Couvrez les éclairs d'une couche de fondant à l'aide de la spatule. Choisissez le côté le plus plat pour faciliter le glaçage. Étalez le fondant en une seule fois puis lissez et ôtez le surplus avec la spatule. Laissez refroidir.

Préparation : 25 minutes | *Repos : aucun* | *Cuisson : 20 minutes*

› Les conseils du chef pâtissier

N'ouvrez pas la porte du four pendant les 15 premières minutes de cuisson des éclairs. ● Les éclairs sont à déguster le jour même. ● Le fondant est un mélange de sucre, de sirop de glucose et d'eau. Il est en vente dans les boutiques spécialisées. ● Vous pouvez remplacer le fondant par un glaçage au sucre ou au chocolat. ● Vous pouvez parfumer votre fondant avec de la pâte à cacao ou quelques gouttes d'extrait de café.

Les juste-cuits *au chocolat*

› Ingrédients *pour 6 juste-cuits*

- 3 œufs
- 80 g de sucre semoule + 1 cuil. à soupe

Pour les moules

- 100 g de chocolat noir à 70 %
- 80 g de beurre mou en dés + 20 g pour les moules
- 50 g de farine tamisée

› Ustensiles

- 1 saladier
- 1 fouet
- 1 râpe
- 1 casserole
- 1 grand bol
- 6 petits moules ronds à bords hauts de 8 cm de diamètre

1

2

3

4

5

6

1 Fouettez les œufs et le sucre dans un saladier jusqu'à ce que le mélange devienne mousseux.

2 Râpez le chocolat. Faites-le fondre au bain-marie dans un grand bol. Ajoutez le beurre dans le chocolat chaud et mélangez avec un fouet.

3 Versez la crème chocolatée sur le mélange œufs-sucre. Mélangez.

4 Versez la farine en pluie en mélangeant délicatement avec une cuillère. Beurrez les moules et saupoudrez-les de sucre.

5 Versez la préparation chocolatée dans les moules. Déposez-les au réfrigérateur pendant 1 heure.

6 Préchauffez le four à 200° (th. 6-7). Mettez à cuire environ 10 minutes. Servez tiède dans les moules.

Préparation : 15 minutes | *Repos : 1 heure* | *Cuisson : 10 minutes*

› Les conseils du chef pâtissier

Vous pouvez préparer la pâte la veille et déposer les moules garnis au congélateur. ● Il vous suffira de les faire cuire avant de les servir. ● Râpez le chocolat au dernier moment. ● Vous pouvez enrichir la préparation avec 50 g de dés d'orange ou de citron confit ou encore quelques dés de pomme ou de poire.

Les mi-chocolat

Ingrédients *6 personnes*

- 140 g de beurre mou en dés
- 125 g de sucre semoule
- 225 g de farine
- 2 pincées de sel
- 50 g d'amandes en poudre
- Le zeste d'une demi-orange finement râpé
- 1 œuf entier + 1 jaune
- 100 g de chocolat noir
- 30 g de cerneaux de noix

Ustensiles

- 2 saladiers
- 1 rouleau à pâtisserie
- Des emporte-pièces ronds, carrés ou rectangulaires
- 1 bol
- 1 pinceau à pâtisserie
- 1 casserole

1

2
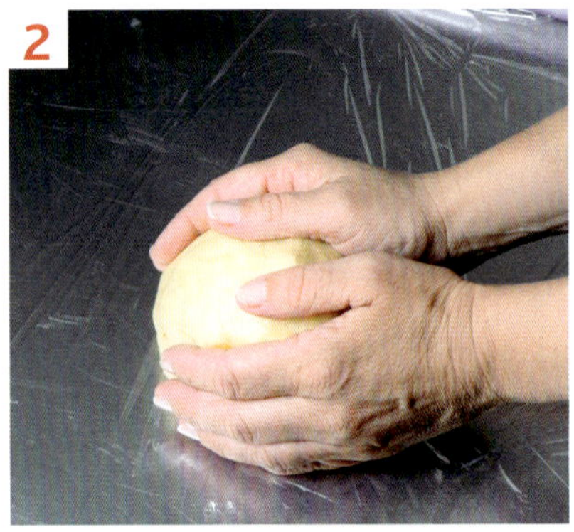

3

4

5

6

1 Mélangez les dés de beurre et le sucre dans un saladier. Ajoutez la farine en pluie, le sel, les amandes en poudre et le zeste d'orange râpé puis incorporez l'œuf entier.

2 Formez une boule de pâte, enveloppez-la de film alimentaire et déposez-la au frais pendant au moins 1 heure.

3 Préchauffez le four à 180° (th. 6). Étalez la pâte à l'aide d'un rouleau sur une épaisseur de 0,5 cm.

4 Découpez les biscuits à l'aide des emporte-pièces. Rangez-les sur la plaque du four recouverte de papier sulfurisé. Dorez les biscuits de jaune d'œuf à l'aide d'un pinceau.

5 Mettez les biscuits à cuire environ 12 minutes. Laissez-les ensuite refroidir sur une grille.

6 Faites fondre le chocolat au bain-marie puis laissez-le un peu refroidir. Trempez la moitié de chaque biscuit dans le chocolat. Rangez-les ensuite sur une plaque garnie de papier sulfurisé. Placez un demi-cerneau de noix sur chaque biscuit. Laissez le chocolat durcir et dégustez.

Préparation : 20 minutes | *Repos : 1 heure* | *Cuisson : 12 minutes*

› Les conseils du chef pâtissier

Vous pouvez préparer votre pâte la veille et la déposer au frais jusqu'au lendemain. ● Laissez refroidir complètement vos biscuits avant de les enrober de chocolat. ● Vous pouvez aussi décorer vos biscuits d'un zeste d'orange confite ou d'une noisette.

Les mini-cakes à la menthe *et au chocolat*

› Ingrédients *6 mini-cakes*

- 50 g de chocolat
- 50 g de beurre + 20 g pour les moules
- 1 œuf
- 100 g de cassonade
- 7,5 cl de lait
- 100 g de farine
- 1/2 sachet de levure
- 7 gouttes d'huile essentielle de menthe
- 6 fins carrés de chocolat à la menthe

› Ustensiles

- 2 saladiers
- 1 casserole
- 1 fouet
- 1 spatule
- 6 moules à cakes individuels

1 Préchauffez le four à 180° (th. 6). Faites fondre le chocolat avec le beurre au bain-marie.

2 Dans un saladier, fouettez l'œuf avec la cassonade jusqu'à ce que le mélange blanchisse et devienne mousseux. Ajoutez le lait et fouettez.

3 Ajoutez la farine et la levure puis mélangez bien.

4 Ajoutez les gouttes d'huile essentielle dans le chocolat fondu. Versez le chocolat dans la pâte et mélangez bien.

5 Cassez grossièrement les carrés de chocolat à la menthe puis ajoutez-les dans la pâte.

6 Beurrez les moules. Versez la pâte dans les moules aux deux tiers. Enfournez pour environ 25 minutes.

Préparation : 15 minutes | *Repos : aucun* | *Cuisson : 30 minutes*

› Les conseils du chef pâtissier

L'huile essentielle apporte un parfum de menthe très frais et puissant. Vous en trouverez facilement dans les épiceries biologiques. Veillez à respecter les précautions d'utilisation et à ne pas l'ingérer pure. ● Pour faciliter le démoulage, vous pouvez utiliser des petites caissettes en papier ou placer du papier sulfurisé dans le fond des moules. ● Vous pouvez remplacer l'huile essentielle par un alcool de menthe (environ 1/2 cuil. à café) ou une liqueur à la menthe (environ 1 cuil. à soupe).

Les mini-gâteaux à l'ananas *et au chocolat*

Ingrédients *12 mini-gâteaux*

- 250 g d'ananas en tranches au sirop
- 50 g de chocolat au lait
- 80 g de beurre fondu + 10 g pour les moules
- 15 cl de lait
- 280 g de farine
- 1/2 sachet de levure
- 100 g de sucre
- 1 pincée de sel
- 1 œuf

Ustensiles

- 1 passoire
- 1 casserole
- 2 saladiers
- 1 fouet
- 1 spatule
- 6 moules individuels (type moules à muffins)

1

2

3

4

5

6

1 Préchauffez le four à 190° (th. 6-7). Égouttez l'ananas, conservez 60 g de sirop puis hachez l'ananas en petits morceaux.

2 Hachez le chocolat en petits morceaux.

3 Faites fondre le beurre à feu doux puis mélangez-le avec le lait.

4 Dans un saladier, mélangez la farine avec la levure, le sucre et le sel. Ajoutez l'œuf, le mélange lait-beurre et le jus d'ananas puis mélangez bien.

5 Ajoutez l'ananas et le chocolat.

6 Beurrez les moules. Versez la préparation à mi-hauteur des moules et enfournez pour environ 20 minutes.

› Les conseils du chef pâtissier

Vous pouvez cuire ces petits gâteaux directement dans des caissettes en papier adaptées à la cuisson. ● Les mini-gâteaux sont cuits quand ils sont bien gonflés et légèrement dorés. Utilisez la lame d'un couteau pour vérifier la cuisson. ● Vous pouvez remplacer le chocolat au lait par du chocolat noir ou du chocolat blanc (mais ce dernier aura tendance à fondre dans la pâte).

Les mini-pizzas *au chocolat*

Ingrédients *pour 8 mini-pizzas*

- 8 g de levure fraîche de boulanger
- 10 cl d'eau tiède
- 250 g de farine
- 1 cuil. à soupe de cacao en poudre
- 20 g de sucre semoule
- 2 sachets de sucre vanillé
- 1/2 cuil. à café de sel
- 2 cuil. à soupe d'huile

Pour la garniture

- 200 g de chocolat noir
- 4 cuil. à soupe d'amandes hachées
- 2 pincées de cannelle en poudre
- 2 cuil. à soupe d'orangettes confites découpées en dés

1 Émiettez la levure dans un bol, versez l'eau tiède et mélangez. Versez la farine et le cacao en poudre dans un saladier, creusez un puits, ajoutez la levure diluée puis mélangez.

2 Ajoutez le sucre semoule, le sucre vanillé et le sel. Mélangez et pétrissez environ 10 minutes.

3 Formez une boule de pâte que vous déposerez dans un saladier aux parois légèrement huilées. Couvrez d'un linge et laissez dans un endroit tiède, à l'abri des courants d'air, pendant environ 45 minutes.

4 Pétrissez la pâte 5 minutes. Étalez la pâte et découpez 8 mini-cercles. Rangez-les sur la plaque de four légèrement farinée. Couvrez d'un linge et laissez 45 minutes dans un endroit chaud.

5 Préchauffez le four à 210° (th. 7). Râpez le chocolat en copeaux. Couvrez les mini-pizzas de copeaux de chocolat.

6 Ajoutez les amandes hachées, la cannelle et les dés d'orangette confite. Mettez à cuire environ 15 minutes. Servez tiède.

› Les conseils du chef pâtissier

Vous pouvez ajouter 5 cl de crème fraîche épaisse dans votre pâte au chocolat pour la rendre encore plus onctueuse.

Les moelleux chocolat *et orange*

Ingrédients *6 personnes*

- 80 g de chocolat pâtissier
- 180 g de beurre + 10 g pour les moules
- 80 g de sucre
- 60 g de farine + 10 g pour les moules
- 4 œufs
- 2 oranges
- 20 cl de chantilly pour le décor
- 20 g de cacao en poudre pour le décor

Ustensiles

- 2 casseroles • 1 spatule
- 1 saladier • 1 fouet • 1 tamis
- 1 passoire • 1 passoire fine
- 6 moules individuels
- 1 pinceau à pâtisserie
- 6 petites assiettes

1

2

3

4

5

6

1 Préchauffez le four à 180° (th. 6). Dans une casserole, faites fondre le chocolat et le beurre en remuant régulièrement.

2 Versez le mélange dans un saladier, ajoutez le sucre et fouettez bien. Ajoutez progressivement la farine en la tamisant. Il ne doit pas y avoir de grumeaux.

3 Ajoutez les œufs un par un et fouettez entre chaque œuf ajouté. Réservez à température ambiante.

4 Prélevez 12 quartiers d'orange en ôtant la peau blanche. Découpez chaque quartier en 2, égouttez-les et déposez-les sur du papier absorbant.

5 Faites fondre le beurre et badigeonnez les moules au pinceau. Farinez-les bien. Versez un peu de pâte dans le fond des moules, déposez 4 demi-quartiers d'orange et ecouvrez de pâte aux trois quarts.

6 Faites cuire entre 8 et 12 minutes jusqu'à ce que le dessus des moelleux soit bombé. Démoulez aussitôt en retournant les moules sur des assiettes, décorez avec un peu de chantilly et de cacao en poudre puis servez.

Préparation : 25 minutes | *Repos : aucun* | *Cuisson : 12 minutes*

Les conseils du chef pâtissier

Attention, si les quartiers d'orange ne sont pas assez égouttés, les moelleux risquent de se séparer en 2 au démoulage. ● Beurrez et farinez généreusement les moules sinon les moelleux vont se casser. ● Vous pouvez déposer des framboises au centre des moelleux, un autre agrume ou un carré de chocolat au lait. ● Vous pouvez accompagner ces petits moelleux de crème anglaise ou de glace à la vanille.

Les muffins *chocolat blanc-framboise*

Ingrédients *6 personnes*

- 270 g de farine
- 1/2 sachet de levure chimique
- 1 pincée de sel
- 170 g de sucre
- 25 cl de crème fraîche épaisse
- 2 œufs
- 8 cl d'huile
- 150 g de framboises
- 100 g de chocolat blanc découpé en petits morceaux

Ustensiles

- 2 saladiers
- 1 fouet
- 1 cuillère en bois
- 6 moules à muffins

1

2

3

4

5

6

1 Préchauffez le four à 180° (th. 6). Dans un saladier, mélangez la farine, la levure, le sel et le sucre.

2 Dans un autre saladier, fouettez la crème fraîche épaisse, les œufs et l'huile jusqu'à l'obtention d'une pâte lisse.

3 Mélangez les deux pâtes progressivement. Ne travaillez pas trop le mélange, sinon il sera élastique.

4 Au dernier moment, ajoutez les framboises et le chocolat blanc. Mélangez très rapidement pour ne pas écraser les framboises.

5 Remplissez les moules aux trois quarts et faites cuire environ 15 minutes.

6 Contrôlez la cuisson des muffins avec la pointe d'un couteau et, s'ils ont une belle coloration, sortez-les du four puis laissez-les refroidir. Dégustez.

Préparation : 25 minutes | *Repos : aucun* | *Cuisson : 15 minutes*

› Les conseils du chef pâtissier

Utilisez le chocolat de votre choix. ● Utilisez le fruit de saison de votre choix (mûres, myrtilles...).

Les petits crumbles *au chocolat*

Ingrédients *6 personnes*

- 150 g de chocolat noir pâtissier
- 20 cl de crème liquide
- 110 g de farine
- 110 g de sucre
- 110 g de beurre mou

Ustensiles

- 2 saladiers
- 1 râpe
- 1 casserole
- 1 spatule
- 6 moules individuels allant au four

1

2

3

4

5

6

1 Préchauffez le four à 210° (th. 7). Râpez le chocolat dans un saladier.

2 Faites chauffer la crème liquide dans une casserole, versez-la sur le chocolat et mélangez bien jusqu'à l'obtention d'une pâte lisse.

3 Répartissez la ganache dans les moules et laissez-la prendre au réfrigérateur pendant 30 minutes.

4 Dans un autre saladier, mélangez la farine et le sucre puis ajoutez le beurre mou.

5 Travaillez très peu la pâte de sorte à garder de gros morceaux.

6 Répartissez la pâte à crumble sur la ganache et enfournez pendant 10 minutes : attention, la pâte colore très vite. Prolongez la cuisson si nécessaire pour obtenir une belle coloration.

Préparation : 15 minutes | *Repos : 30 minutes* | *Cuisson : 15 minutes*

› Les conseils du chef pâtissier

Ne mélangez pas trop le crumble. • Prudence, suivant les fours, 6-7 minutes pourront suffire. • Vous pouvez disposer des noix de pécan caramélisées dans la ganache au chocolat. • Remplacez la farine par des spéculoos écrasés.

Les petits rouleaux *au chocolat*

Ingrédients *20 petits rouleaux*

- 50 g de beurre
- 10 feuilles de brik
- 1 pot de pâte à tartiner au chocolat
- 30 g de noisettes hachées
- 10 g de sucre glace

Ustensiles

- 1 casserole à fond épais
- 1 pinceau à pâtisserie

1 Préchauffez le four à 180° (th. 6). Faites fondre le beurre dans une casserole.

2 En vous aidant d'un pinceau, badigeonnez de beurre fondu une feuille de brik. Couvrez d'une deuxième feuille puis badigeonnez de beurre.

3 Découpez chaque feuille de brik doublée en 4 bandes.

4 Nappez chaque bande de pâte à tartiner. Saupoudrez d'un peu de noisettes hachées.

5 Roulez chaque bande sur elle-même. Badigeonnez de beurre fondu. Déposez sur une plaque de four recouverte d'un papier sulfurisé, côté replié en dessous.

6 Laissez cuire environ 8 minutes. Puis laissez refroidir et saupoudrez de sucre glace au moment de servir.

› Les conseils du chef pâtissier

Vous trouverez facilement des feuilles de brik en paquet de 10 ou de 20 au rayon frais de la plupart des commerces d'alimentation.

- Vous pouvez aussi préparer de succulents rouleaux garnis d'un peu de crème à la vanille ou de crème pâtissière.
- Vous pouvez aussi saupoudrer les rouleaux d'un mélange de noix de coco râpée et de chocolat noir fondu.

Les petits-fours noisettes *et chocolat*

Ingrédients *pour 15 petits-fours*

- 100 g de noisettes en poudre
- 80 g de sucre
- 100 g de farine
- 80 g de beurre mou
- 1 jaune d'œuf
- 1 cuil. à café de vanille liquide
- 50 g de chocolat noir
- 20 cl de crème fleurette

Ustensiles

- 2 saladiers
- 1 casserole
- 1 spatule

1 Préchauffez le four à 170° (th. 5-6). Dans un saladier, mélangez les noisettes, le sucre, la farine et le beurre mou. Travaillez le tout à la main.

2 Quand le mélange est homogène, ajoutez le jaune d'œuf et la vanille (ne travaillez pas trop la pâte). Laissez ensuite reposer 1 heure au frais en couvrant avec un film alimentaire.

3 Façonnez 30 petites boules de 2 à 3 cm de diamètre. Posez-les sur la plaque du four recouverte de papier sulfurisé. Enfournez 15 minutes.

4 Laissez ensuite refroidir sur une grille.

5 Faites fondre le chocolat au bain-marie. Hors du feu, ajoutez la crème fleurette, mélangez bien et laissez refroidir 10 minutes (la pâte va durcir un peu).

6 À l'aide d'une cuillère, déposez un peu de chocolat sur un biscuit puis recouvrez d'un autre biscuit. Laissez figer et servez.

Préparation : 15 minutes | *Repos : 1 heure* | *Cuisson : 15 minutes*

› Les conseils du chef pâtissier

Laissez prendre un peu le chocolat avant de dresser les petits-fours, sinon il risque de couler. ● Les biscuits brunissent très vite, surveillez-les attentivement. Le temps de cuisson varie d'un four à l'autre. ● Ces biscuits sont encore mous à la sortie du four, ils durciront après. ● Vous pouvez aromatiser vos biscuits avec de la cannelle ou des épices à pain d'épice. ● Vous pouvez utiliser de la poudre d'amandes à la place des noisettes.

Les sablés chocolat, *le minestrone de fruits*

Ingrédients *6 personnes*

Pour le minestrone

- 2 bananes • 2 poires
- 2 pommes • 2 mangues
- 1/2 ananas

Pour le sirop

- 20 cl d'eau
- 70 g de sucre semoule
- 1 citron • 2 oranges

Pour les sablés

- 20 g de cacao en poudre
- 150 g de farine
- 120 g de beurre mou
- 70 g d'amandes en poudre
- 70 g d'amandes hachées
- 50 g de sucre glace

Ustensiles

- 2 saladiers
- 1 casserole
- 1 presse-agrumes
- 1 tamis
- 1 rouleau à pâtisserie
- Quelques emporte-pièces
- 6 coupes à glace

1 Épluchez, pelez et videz les fruits. Coupez-les en dés de 5 mm de côté et réservez ce minestrone de fruits dans un saladier.

2 Faites bouillir l'eau et le sucre pour former un sirop. Pressez le citron et les oranges puis ajoutez le jus des fruits au sirop. Versez le sirop froid sur le minestrone de fruits.

3 Préchauffez le four à 180° (th. 6). Dans un saladier, tamisez le cacao et la farine puis ajoutez le beurre, les amandes en poudre, les amandes hachées et le sucre glace.

4 Travaillez le mélange pour obtenir une pâte homogène, étalez cette pâte sur le plan de travail et détaillez-la de la forme souhaitée (fleurs, étoiles, cœurs...).

5 Déposez les sablés sur la plaque du four recouverte de papier sulfurisé. Faites cuire environ 15 minutes.

6 Remplissez les coupes avec le minestrone de fruits, ajoutez les sablés puis servez aussitôt.

Préparation : 45 minutes | *Repos : aucun* | *Cuisson : 15 minutes*

› Les conseils du chef pâtissier

Le sirop peut être infusé avec un sachet de thé ou aromatisé avec un alcool (kirsch, Grand Marnier, Cointreau...).
● Vous pouvez parfumer le minestrone avec des épices (cannelle, badiane...).

Les mousses et crèmes

La crème pâtissière *au chocolat*

› Ingrédients *6 personnes*

- 100 g de chocolat pâtissier
- 25 cl de lait
- 2 jaunes d'œufs
- 30 g de sucre semoule
- 30 g de farine
- 100 g de beurre

› Ustensiles

- 1 casserole
- 1 spatule
- 2 saladiers
- 1 fouet

1

2

3

4

5

1 Découpez le chocolat en petits morceaux. Déposez-le dans une casserole.

2 Versez le lait et faites chauffer à feu doux jusqu'à ce que le chocolat soit fondu.

3 Fouettez les jaunes d'œufs avec le sucre semoule jusqu'à ce que le mélange blanchisse. Versez la farine en pluie.

4 Versez le lait bouillant sur le mélange. Remettez le tout dans la casserole et portez doucement à ébullition. Laissez cuire environ 5 minutes tout en mélangeant avec une cuillère. Le mélange va peu à peu épaissir. Ôtez du feu. Ajoutez la moitié du beurre et mélangez avec le fouet.

5 Versez la crème dans un saladier. Laissez tiédir puis ajoutez le reste de beurre découpé en dés. Couvrez d'un film alimentaire. Laissez refroidir.

› Les conseils du chef pâtissier

Vous pouvez aussi remplacer les jaunes d'œufs par un œuf entier. Votre crème pâtissière sera plus riche et onctueuse.
● Il est possible de remplacer la farine par de la fécule de maïs.

La dacquoise à la mousse *au chocolat blanc*

› Ingrédients *4 personnes*

Pour la dacquoise

- 4 blancs d'œufs
- 120 g de sucre
- 25 g de farine
- 70 g de poudre d'amandes

Pour la mousse

- 3 feuilles de gélatine
- 15 cl de lait
- 300 g de chocolat blanc
- 30 cl de crème liquide entière

› Ustensiles

- 3 saladiers ● 1 casserole
- 1 fouet électrique
- 2 bols ● 1 maryse
- 1 cercle à pâtisserie
- 1 spatule plate

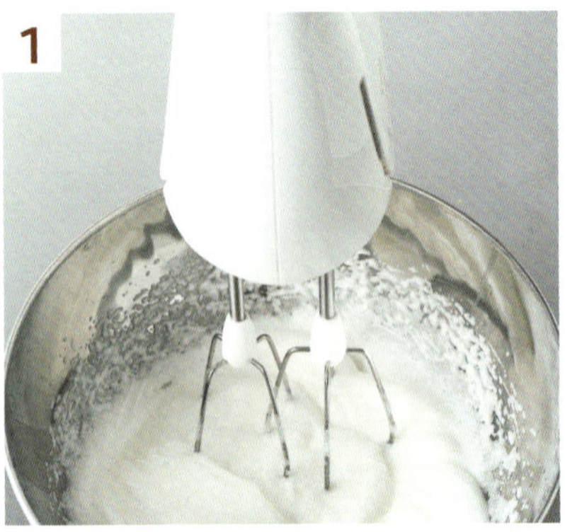

1 Préchauffez le four à 180° (th. 6). Montez les blancs en neige bien ferme. À la fin, serrez-les avec 40 g de sucre. Dans un bol, mélangez la farine, le reste de sucre et la poudre d'amandes.

2 Incorporez le mélange à base de farine dans les blancs à l'aide d'une maryse. Versez la pâte sur la plaque du four recouverte de papier sulfurisé puis enfournez 15 minutes (le biscuit doit être bien doré).

3 Faites tremper les feuilles de gélatine dans un bol d'eau froide. Faites chauffer le lait dans une casserole. Ajoutez la gélatine essorée et faites chauffer jusqu'à ce qu'elle soit complètement dissoute.

4 Cassez le chocolat en petits morceaux dans un saladier et versez le lait chaud par-dessus en plusieurs fois en mélangeant au fur et à mesure.

5 Montez la crème liquide en chantilly bien ferme. Incorporez-la délicatement à l'aide d'une maryse dans le chocolat blanc.

6 Découpez un cercle de biscuit dans la plaque de dacquoise. Déposez-le au fond du cercle et recouvrez de mousse au chocolat blanc. Lissez le dessus à l'aide d'une spatule plate puis laissez prendre plusieurs heures au frais.

› Les conseils du chef pâtissier

Attention lorsque vous incorporez la crème montée à ne pas la faire retomber, sinon le mélange sera trop compact. ● Vous pouvez décorer le dessus du gâteau avec des copeaux de chocolat blanc. ● Vous pouvez recouvrir le dessus de la mousse de fines tranches de fruit poêlées. ● Vous pouvez utiliser le chocolat de votre choix.

La ganache *au chocolat*

› Ingrédients *4 personnes*

- 200 g de chocolat noir
- 125 g de crème liquide
- 50 g de beurre pommade

› Ustensiles

- 1 saladier
- 1 casserole
- 1 fouet

1

2

3

4

5

1 Cassez le chocolat dans un saladier.

2 Dans une casserole, faites bouillir la crème liquide et versez-la sur le chocolat.

3 Mélangez bien avec le fouet.

4 Une fois l'appareil homogène, incorporez le beurre découpé en dés. Vous obtenez ainsi une pâte lisse et brillante prête à être utilisée.

5 Utilisez la ganache pour garnir par exemple un fond de tarte préalablement cuit à blanc.

Préparation : 20 minutes | *Repos : aucun* | *Cuisson : 2 minutes*

› Les conseils du chef pâtissier

Ne travaillez pas trop la ganache, sinon la préparation risque de blanchir. ● Vous pouvez réaliser cette recette avec le chocolat de votre choix. ● Vous pouvez laisser la ganache refroidir à température ambiante, façonner des quenelles à l'aide de deux cuillères et les servir avec une crème anglaise. Vous pouvez également en faire des boules, les faire prendre au frais et les rouler dans du cacao amer en poudre : vous obtenez alors des truffes.

La mousse au chocolat *aux abricots*

› Ingrédients *6 personnes*

Pour la mousse au chocolat

- 5 blancs d'œufs ● 2 jaunes d'œufs
- 1 pincée de sel
- 1 cuil. à soupe et demi de sucre en poudre
- 5 cl d' espresso
- 230 g de chocolat noir
- 20 cl de lait

Pour les abricots

- 300 g d'abricots frais
- 50 cl d'eau ● 10 g de miel
- 100 g de sucre
- Le jus d'un citron
- 10 g de beurre
- 10 g de vinaigre balsamique

› Ustensiles

- 2 saladiers
- 1 fouet électri que
- 3 casseroles ● 1 fouet
- 1 maryse ● 6 verrines
- 1 passoire ● 1 poêle
- 1 mixeur

1

2

3

4

5

6

1 Montez les blancs en neige avec le sel. Dans une casserole, versez les jaunes d'œufs avec le sucre en poudre et l'espresso.

2 À l'aide d'un fouet, montez les jaunes d'œufs sur feu doux comme un sabayon, fouettez vivement et ôtez du feu lorsque le mélange est bien tiède. Fouettez jusqu'à complet refroidissement.

3 Faites fondre le chocolat puis ajoutez le lait. Laissez-le tiédir puis incorporez le sabayon à l'aide du fouet. Versez un quart des blancs, fouettez puis incorporez le reste à l'aide d'une maryse. Répartissez la mousse dans les verrines et laissez au réfrigérateur au moins 3 heures.

4 Lavez et dénoyautez les abricots. Versez-les dans un saladier. Dans une casserole, versez l'eau et le sucre puis chauffez pour réaliser un sirop. Hors du feu, ajoutez le jus de citron puis versez le tout sur les abricots. Laissez refroidir.

5 Égouttez les abricots, prélevez-en un tiers et coupez-les en petits dés. Passez-les à la poêle avec le beurre. Hors du feu ajoutez le vinaigre et le miel.

6 Mixez le reste des abricots, passez la purée à la passoire, répartissez-la sur la mousse au chocolat puis ajoutez les abricots poêlés sur le dessus. Laissez reposer de nouveau 2 heures au réfrigérateur.

Préparation : 45 minutes | *Repos : 5 heures* | *Cuisson : 10 minutes*

› Les conseils du chef pâtissier

Lorsque vous formez un « S » avec le sabayon, celui-ci doit rester visible à la surface s'il est correctement monté. S'il ne tient pas et disparaît dans le reste des jaunes rapidement, il n'est pas assez fouetté. ● Servez cette tarte avec une sauce au chocolat tiède. ● Assurez vous que la mousse au chocolat est bien prise avant de mettre la purée d'abricots sur le dessus, sinon elle risque de retomber.

La mousse *au chocolat blanc*

› Ingrédients *6 personnes*

- 3 œufs
- 1 feuille de gélatine
- 200 g de chocolat blanc
- 10 cl de lait (ou de crème liquide)
- 20 g de sucre

› Ustensiles

- 3 saladiers
- 1 bol
- 2 casseroles
- 1 spatule
- 1 fouet électrique
- 6 coupelles

1

2

3

4

5

6

1 Cassez les œufs et séparez les blancs des jaunes. Faites ramollir la gélatine dans un bol d'eau froide.

2 Faites fondre le chocolat au bain-marie. Faites bouillir le lait et ajoutez-le au chocolat fondu. Remuez à l'aide d'une spatule.

3 Ajoutez la gélatine bien essorée et les jaunes d'œufs.

4 À l'aide du fouet électrique, montez les blancs en neige ferme avec le sucre.

5 Incorporez délicatement les blancs en neige dans le mélange au chocolat.

6 Versez la mousse dans des coupelles et laissez prendre au réfrigérateur pendant au minimum 4 heures.

› Les conseils du chef pâtissier

Avant d'ajouter les blancs en neige, vérifiez que le mélange au chocolat est presque froid. ● Vous pouvez saupoudrer les mousses de cacao en poudre, de copeaux de chocolat ou encore de pistaches hachées. ● La mousse au chocolat blanc se marie bien avec une salade de pamplemousses ou avec des framboises fraîches.

La mousse *aux trois chocolats*

› Ingrédients *4 personnes*

- 20 cl de crème liquide
- 100 g de chocolat noir
- 90 g de chocolat blanc
- 90 g de chocolat au lait
- 2 œufs

› Ustensiles

- 3 casseroles
- 4 verrines
- 2 saladiers
- 1 fouet électrique
- 1 spatule
- 1 fouet

1 Dans une casserole, chauffez 10 cl de crème liquide (sans faire bouillir) puis ajoutez le chocolat noir. Vous devez obtenir un mélange lisse. Répartissez-le dans le fond des verrines et réservez au frais.

2 Faites fondre le chocolat blanc puis réservez-le. À l'aide d'un fouet électrique, montez le reste de crème liquide en chantilly.

3 Incorporez le chocolat blanc délicatement à la crème Chantilly.

4 Répartissez le mélange sur la couche de chocolat noir puis réservez au frais.

5 Faites fondre le chocolat au lait. Cassez les œufs, ajoutez les 2 jaunes énergiquement pour qu'ils n'aient pas le temps de cuire puis laissez tiédir.

6 Montez les 2 blancs d'œufs en neige ferme. Incorporez-les au chocolat au lait tiédi. Répartissez cette mousse dans les verrines et réservez au frais 1 heure. Dégustez frais.

Préparation : 25 minutes | *Repos : 1 heure* | *Cuisson : 10 minutes*

› Les conseils du chef pâtissier

Attention à bien laisser tiédir les chocolats avant d'incorporer la crème ou les blancs, sinon le mélange risque de retomber et de devenir compact. ● Pour plus de croustillant, saupoudrez les verrines de nougatine ou de cacahuètes grillées avant de servir.

La nage de chocolat *aux épices*

Ingrédients *6 personnes*

- 6 tranches de pain d'épice
- 250 g de chocolat noir à 70 % de cacao
- 20 cl de crème liquide
- 25 cl de lait
- 1/2 cuil. à café de cannelle en poudre
- 2 clous de girofle
- 1 gousse de vanille
- 1 anis étoilé
- 70 g de beurre en dés
- 50 g de sucre

Ustensiles

- 1 poêle
- 1 saladier
- 1 casserole
- 1 passoire
- 1 cuillère en bois
- 6 assiettes creuses

1 Découpez le pain d'épice en formant des mouillettes. Faites-le griller dans une poêle avec 10 g de beurre sur les 2 faces. Réservez.

2 Râpez le chocolat ou taillez-le en petits morceaux à l'aide d'un couteau. Versez les copeaux dans un saladier.

3 Versez la crème liquide et le lait dans une casserole puis portez à ébullition avec toutes les épices et le sucre / Laissez infuser hors feu 5 minutes.

4 Portez de nouveau à ébullition et versez aussitôt sur le chocolat à travers une passoire pour ôter les épices. Mélangez jusqu'à ce que le mélange soit homogène.

5 Ajoutez les dés de beurre dans la préparation et mélangez bien.

6 Répartissez la soupe au chocolat dans les assiettes creuses et servez immédiatement avec le pain d'épice poêlé.

Préparation : 15 minutes | *Repos : 5 minutes* | *Cuisson : 15 minutes*

› Les conseils du chef pâtissier

Vous pouvez corser le goût de la nage en ajoutant 200 g de chocolat. ● Vous pouvez utiliser un autre chocolat et combiner d'autres épices. ● Vous pouvez parsemer la soupe de zestes d'orange confits.

La soupe *au chocolat*

› Ingrédients *6 personnes*

Pour les rochers

- 300 g de noix de coco râpée
- 250 g de sucre semoule
- 5 blancs d'œufs
- 10 cl de sirop de menthe

Pour la soupe au chocolat

- 200 g de chocolat noir à 70 % de cacao
- 70 cl de lait entier
- 2 bâtons de cannelle

› Ustensiles

- 2 saladiers
- 1 spatule ● 2 casseroles
- 1 fouet ● 1 mixeur
- 6 petits bols (ou 6 ramequins en verre)
- 6 cure-dents

1

2

3

4

5

1 Préchauffez le four à 200° (th. 6-7). Dans un saladier, mélangez à la spatule la noix de coco, le sucre, les blancs d'œufs et le sirop de menthe. Vous obtenez une pâte assez consistante.

2 Recouvrez la plaque du four de papier sulfurisé. Formez 12 petites boules de pâte dans le creux de vos mains. Déposez-les sur la plaque et enfournez 5 minutes. Les rochers sont cuits lorsqu'ils sont légèrement colorés.

3 Faites fondre le chocolat au bain-marie. Dans une casserole, faites bouillir à feu très doux le lait puis ajoutez les bâtons de cannelle. Laissez infuser 15 minutes et retirez la cannelle.

4 Versez le lait petit à petit sur le chocolat tout en remuant au fouet. Réservez au réfrigérateur 1 heure.

5 Mixez la soupe au chocolat et répartissez-la dans les bols. Piquez les rochers avec les cure-dents pour faire des brochettes et faites-les tenir sur le bord des bols. Servez aussitôt.

Préparation : 30 minutes | *Repos : 1 heure 15* | *Cuisson : 15 minutes*

› Les conseils du chef pâtissier

Lorsque vous faites chauffer le lait, remuez-le régulièrement. Le lait entier peut très vite accrocher. ● Vous pouvez parfumer vos rochers avec l'alcool de votre choix. ● À la place des rochers, vous pouvez confectionner des brochettes de fruits frais ou caramélisés.

Le tapioca *chocolat-amande*

› Ingrédients *4 personnes*

- 40 cl d'eau
- 2 cuil. à café de miel
- 30 g de chocolat noir
- 4 cuil. à soupe de tapioca
- 2 cuil. à soupe d'amandes en poudre
- 200 g de framboises

› Ustensiles

- 1 casserole
- 1 cuillère en bois
- 4 ramequins

1

2

3

4

5

6

1 Dans une casserole, versez l'eau et le miel.

2 Découpez le chocolat en petits morceaux et ajoutez-le dans la casserole.

3 Versez le tapioca et les amandes.

4 Faites chauffer le tout à feu doux pendant 5 à 8 minutes tout en remuant à l'aide d'une cuillère en bois.

5 Répartissez la préparation crémeuse dans les ramequins puis laissez prendre au moins pendant 30 minutes.

6 Sortez les crèmes du réfrigérateur puis vérifiez qu'elles ont bien pris. Décorez de quelques framboises et dégustez.

Préparation : 15 minutes | *Repos : 30 minutes* | *Cuisson : 8 minutes*

› Les conseils du chef pâtissier

Vous pouvez utiliser de la purée d'amandes à la place de la poudre, la consistance sera plus agréable. ● Utilisez des noisettes à la place des amandes. ● Utilisez le chocolat de votre choix. ● Vous pouvez également parfumer la crème avec des épices ou de l'alcool.

Les coupes à la génoise *au chocolat*

Ingrédients *4 personnes*

- 100 g de chocolat noir
- 50 cl de crème fleurette
- 1 génoise au chocolat (ou 4 muffins au chocolat)
- 10 cl de café
- 1 cuil. à café d'extrait de vanille
- 2 cuil. à soupe de sucre en poudre
- 2 cuil. à soupe de mascarpone
- 20 g de cacao en poudre

Ustensiles

- 2 saladiers • 1 casserole
- 1 fouet • 4 grands verres
- 1 bol • 1 fouet électrique
- 1 spatule
- 1 poche à douille
- 1 douille unie
- 1 passoire fine

1 Dans un saladier, cassez le chocolat en morceaux. Portez 20 cl de crème fleurette à ébullition et versez-la sur le chocolat. Fouettez jusqu'à ce que le chocolat soit bien fondu puis laissez refroidir.

2 Émiettez la génoise dans le fond des verres. Mélangez le café et la vanille dans un bol puis versez ce mélange sur la génoise pour l'imbiber.

3 Étalez la crème au chocolat (froide mais pas réfrigérée) sur la génoise. Réservez au frais au moins 2 heures le temps que la ganache au chocolat prenne.

4 Dans un autre saladier, montez le reste de crème fleurette en chantilly bien ferme puis ajoutez à la fin le sucre en poudre. Ajoutez délicatement le mascarpone à l'aide d'une spatule.

5 Remplissez la poche à douille de crème au mascarpone et couvrez-en la ganache au chocolat. Réservez 4 heures au frais.

6 Au moment de servir, saupoudrez de cacao.

Préparation : 30 minutes | *Repos : 6 heures* | *Cuisson : 5 minutes*

› Les conseils du chef pâtissier

La crème au chocolat doit être bien froide, sinon elle risque de trop imbiber la génoise. ● Vous pouvez utiliser une génoise nature et remplacer le mascarpone par du petit-suisse ou du fromage blanc. ● Vous pouvez imbiber la génoise de crème anglaise si vous le souhaitez. ● Vous pouvez remplacer le sucre en poudre par du sucre vanillé. La crème au chocolat doit être bien froide, sinon elle risque de trop imbiber la génoise.

Les crèmes brûlées *au chocolat*

› Ingrédients *6 personnes*

- 150 g de chocolat noir
- 7 jaunes d'œufs
- 60 g de sucre semoule
- 70 cl de crème fraîche liquide
- 6 cuil. à soupe de sucre cassonade

› Ustensiles

- 2 saladiers
- 1 casserole
- 1 fouet
- 6 petits ramequins
- 1 grand plat à bords hauts allant au four

1

2

3

4

5

6

1 Préchauffez le four à 120° (th. 4). Faites fondre le chocolat au bain-marie ou au four à micro-ondes.

2 Fouettez dans un saladier les jaunes d'œufs et le sucre jusqu'à ce que le mélange blanchisse. Ajoutez alors le chocolat fondu.

3 Ajoutez la crème dans le mélange à base de jaunes d'œufs et de sucre tout en fouettant.

4 Versez le mélange dans les ramequins.

5 Placez les ramequins dans un plat rempli d'eau frémissante et faites cuite au bain-marie dans le four pendant environ 50 minutes. Laissez refroidir puis placez 2 heures au frais.

6 Faites chauffer le gril du four. Saupoudrez les crèmes de sucre cassonade. Placez sous le gril du four environ 3 minutes. Servez tiède.

› Les conseils du chef pâtissier

Le temps de cuisson des crèmes brûlées dépend de la taille de vos ramequins. ● Surveillez bien la cuisson : la crème doit être prise sur les côtés et légèrement tremblotante au milieu. ● Pour caraméliser le dessus des crèmes, vous pouvez aussi utiliser un chalumeau. ● Si vous voulez renforcer le croustillant de vos crèmes, déposez une deuxième couche de sucre cassonade sur les crèmes. ● Vous pouvez parfumer la crème au chocolat avec 1 pincée de cannelle en poudre.

Les flans chocolat *et menthe*

Ingrédients *6 personnes*

- 40 cl de lait
- 3 feuilles de menthe
- 80 g de chocolat
- 5 œufs
- 80 g de sucre semoule
- 2 sachets de sucre vanillé
- 20 cl de crème fraîche liquide
- 40 g de noisettes hachées
- 10 g de beurre

Ustensiles

- 2 casseroles
- 1 saladier
- 1 fouet
- 6 petits moules en porcelaine
- 1 louche
- 1 plat à gratin

1 Préchauffez le four à 160° (th. 5-6). Faites doucement chauffer le lait dans une casserole avec les feuilles de menthe. Ôtez du feu, couvrez et laissez infuser une douzaine de minutes. Faites fondre le chocolat.

2 Fouettez les œufs avec le sucre semoule et le sucre vanillé. Ôtez les feuilles de menthe puis incorporez peu à peu le lait, la crème fraîche et le chocolat fondu à l'aide d'un fouet.

3 Incorporez les noisettes hachées. Beurrez les moules.

4 Versez le mélange crémeux dans les moules.

5 Préparez un bain-marie dans un plat à gratin. Rangez les petits moules dans le plat.

6 Mettez à cuire environ 20 minutes. Puis laissez refroidir à température ambiante. Couvrez d'un film alimentaire et placez au frais au minimum 4 heures. Servez très frais.

› Les conseils du chef pâtissier

La cuisson de ces flans peut se faire la veille. Réservez-les alors au réfrigérateur en les couvrant d'un film alimentaire.
● Vous pouvez varier les parfums en remplaçant les feuilles de menthe par quelques gouttes d'extrait de café.

Les flans coco *au coulis de chocolat*

Ingrédients *6 personnes*

Pour les flans

- 50 cl de lait de coco
- 10 œufs
- 150 g de sucre cassonade
- 100 g de noix de coco râpée

Pour le coulis

- 180 g de chocolat
- 15 cl de crème fraîche liquide
- 30 g de beurre

Ustensiles

- 2 saladiers
- 1 fouet
- 6 ramequins en verre
- 1 couteau-scie
- 2 casseroles

1

2

3

4

5

6

1 Préchauffez le four à 180° (th. 6). Dans un saladier, versez le lait de coco et les œufs puis battez l'ensemble.

2 Ajoutez le sucre et la noix de coco râpée puis fouettez.

3 Remplissez les ramequins à moitié et enfournez pendant 20 minutes. Sortez du four, laissez refroidir et réservez au réfrigérateur.

4 Hachez le chocolat finement sur une planche et faites-le fondre au bain-marie. Faites bouillir la crème et ajoutez-la au chocolat.

5 Une fois le mélange bien lisse, ajoutez le beurre découpé en petits morceaux, remuez et laissez refroidir.

6 Avant de servir, versez le coulis sur les flans.

› Les conseils du chef pâtissier

Vous pouvez saupoudrer les flans de noix de coco râpée avant de servir. ● À la place de la noix de coco râpée, vous pouvez mettre des amandes en poudre ou des fruits confits. ● Vous pouvez également aromatiser votre flan à la vanille ou au caramel. ● Vous pouvez accompagner vos flans de tuiles ou de cigarettes russes.

Les verrines *poire-chocolat*

› Ingrédients *6 personnes*

- 200 g de chocolat
- 6 œufs
- 10 cl de lait concentré sucré entier
- 1 pincée de sel
- 4 demi-poires au sirop
- 1 cuil. à soupe de jus de citron
- 125 g de pralin

› Ustensiles

- 1 casserole
- 4 saladiers
- 1 maryse
- 1 fouet électrique
- 6 verrines
- 1 mixeur

1

2

3

4

5

1 Cassez le chocolat dans un saladier et faites-le fondre au bain-marie. Cassez les œufs et séparez les blancs des jaunes. Incorporez les jaunes un par un dans le chocolat tiédi. Mélangez jusqu'à ce que le mélange soit lisse.

2 Versez le lait concentré dans un saladier et placez-le au frais pendant 30 minutes. Battez les blancs en neige avec le sel et incorporez-les doucement au mélange au chocolat à l'aide d'une maryse.

3 Répartissez la mousse au chocolat dans les verrines et laissez reposer au frais pendant 2 heures.

4 Mixez les poires et réservez la purée obtenue. Battez le lait concentré en mousse avec le jus de citron. Quand il est bien ferme, ajoutez les poires.

5 Saupoudrez les verrines de pralin puis recouvrez de mousse aux poires. Laissez reposer 1 heure au frais.

› Les conseils du chef pâtissier

Laissez bien tiédir le chocolat, sinon les jaunes d'œufs risquent de cuire. ● Le lait doit être bien froid pour faire une mousse légère. Ajoutez quelques feuilles de gélatine si vous souhaitez une consistance plus ferme ou si vous souhaitez préparer la mousse à l'avance. ● Vous pouvez utiliser des poires fraîches pochées dans un sirop. ● Vous pouvez réaliser cette recette avec n'importe quel fruit au sirop. ● Vous pouvez utiliser du chocolat blanc.

Les gourmandises chocolatées

Le granité *au chocolat*

Ingrédients *4 personnes*

- 40 cl d'eau
- 20 g de sucre
- 40 g de cacao en poudre
- 4 feuilles de menthe

Ustensiles

- 1 casserole
- 1 spatule
- 1 saladier
- 4 coupes

1 Faites chauffer l'eau dans une casserole à feu doux.

2 Ajoutez le sucre et le cacao. Une fois que le mélange bouillonne légèrement, remuez 2 minutes pour obtenir un mélange homogène.

3 Laissez refroidir, versez le mélange dans un saladier et couvrez avec du film alimentaire.

4 Mettez le tout au congélateur et laissez prendre pendant 1 heure. Sortez le mélange et grattez avec une fourchette de façon à briser les cristaux de glace déjà formés.

5 Remettez au congélateur et répétez l'opération toutes les 20 minutes. Formez des quenelles et servez avec la menthe.

Préparation : 15 minutes | *Repos : 5 heures* | *Cuisson : 5 minutes*

› Les conseils du chef pâtissier

Vous pouvez mettre des framboises légèrement concassées dans le saladier avant de verser la préparation.
• Vous pouvez réaliser des granités au parfum de votre choix en aromatisant l'eau et le sucre avec un sirop (menthe, grenadine...).
• Vous pouvez accompagner ce granité d'un coulis de fruits.

Le sorbet *au chocolat*

› Ingrédients *6 personnes*

- 225 g de chocolat noir
- 50 cl d'eau
- 150 g de sucre
- 75 g de cacao en poudre non sucré

› Ustensiles

- 1 casserole
- 1 fouet
- 1 saladier
- 1 sorbetière

1

2

3

4

5

6

1 Cassez le chocolat en petits morceaux.

2 Dans une casserole, portez l'eau et le sucre à ébullition. Faites bouillir 1 minute.

3 Ajoutez le cacao en poudre puis mélangez bien à l'aide d'un fouet. Faites bouillir encore 1 minute.

4 Hors du feu, ajoutez le chocolat. Mélangez bien jusqu'à ce qu'il soit complètement fondu.

5 Versez le mélange dans un saladier et laissez refroidir au réfrigérateur.

6 Quand le mélange est bien froid, versez-le dans la sorbetière et faites tourner l'appareil.

Préparation : 5 minutes | *Repos : 4 heures* | *Cuisson : 2 minutes*

› Les conseils du chef pâtissier

Le cacao en poudre est nécessaire pour apporter de la texture au sorbet. Utilisez un chocolat à fort taux de cacao. ● Si vous ne possédez pas de sorbetière, faites prendre le sorbet dans un bac au congélateur en prenant soin de le remuer régulièrement avec une fourchette. La texture sera toutefois moins homogène. ● Vous pouvez agrémenter ce sorbet de noisettes hachées grillées.

Les boules au chocolat *et à la noix de coco*

› Ingrédients *pour environ 15 boules*

- 40 cl de lait concentré sucré
- 250 g de noix de coco râpée
- 200 g de chocolat au lait pâtissier

› Ustensiles

- 2 saladiers
- 1 casserole

1 Dans un saladier, mélangez le lait concentré et la noix de coco râpée. Placez le saladier au frais pendant une nuit.

2 Faites fondre le chocolat au bain-marie.

3 Façonnez une cuillère de coco de la forme d'une boule ou de la forme de votre choix (losange, rectangle...).

4 Trempez le coco dans le chocolat (posez-le sur une fourchette, trempez-le dans le chocolat puis laissez-le s'égoutter quelques secondes).

5 Déposez les boules sur une plaque recouverte de papier sulfurisé. Laissez prendre au réfrigérateur pendant 1 heure.

› Les conseils du chef pâtissier

Réalisez des formes faciles qui tiennent facilement sur la fourchette. ● Tempérez de nouveau votre chocolat si celui-ci se fige trop vite. ● Utilisez le chocolat de votre choix (noir, blanc…). ● Vous pouvez aromatiser la préparation à la noix de coco avec de l'alcool (rhum, vodka…) ou des épices (cardamome, quatre-épices, piment de Jamaïque…).

Les chocolats *liégeois*

Ingrédients *4 personnes*

- 10 cl de lait
- 20 cl de crème fraîche liquide
- 130 g de chocolat noir
- 15 g de beurre
- 30 g de sucre en poudre
- 4 boules de glace au chocolat
- 4 boules de glace à la vanille
- 1 cuil. à soupe de cacao en poudre

Ustensiles

- 1 casserole
- 1 fouet
- 1 saladier
- 1 fouet électrique
- 4 coupes
- 1 passoire fine

1 Faites chauffer le lait et 5 cl de crème fraîche jusqu'à l'ébullition. Ajoutez le chocolat découpé en petits carrés, le beurre et le sucre. Fouettez vivement et reprenez l'ébullition pendant 10 secondes. Réservez et laissez refroidir.

2 À l'aide du fouet électrique, montez le reste de crème en chantilly.

3 Déposez 1 boule de glace au chocolat et 1 boule de glace à la vanille dans chaque coupe.

4 Nappez les boules de glace de 2 à 3 cuil. à soupe de sauce au chocolat.

5 Couvrez de crème Chantilly.

6 Saupoudrez les chocolats liégeois d'un peu de cacao à l'aide d'une passoire fine.

Préparation : 10 minutes | *Repos : aucun* | *Cuisson : 5 minutes*

› Les conseils du chef pâtissier

Pour refroidir la sauce au chocolat rapidement, mélangez-la avec un peu de glace pilée. ● Il est possible de parfumer la crème Chantilly avec 2 ou 3 gouttes d'extrait de café. ● Servez ces chocolats liégeois avec des biscuits secs, des gaufrettes ou des petits sablés.

Les crêpes à la crème de pignons *au chocolat blanc*

Ingrédients *6 personnes*

- 100 g de chocolat blanc
- 30 cl de lait
- 250 g de pignons de pin
- 100 g de sucre en poudre + 6 cuil. à café
- 50 g de cacao amer
- 12 crêpes

Ustensiles

- 1 couteau-scie
- 1 casserole
- 1 mixeur
- 6 assiettes

1

2

3

4

5

6

1 Préchauffez le four à 180° (th. 6). Râpez le chocolat blanc à l'aide d'un couteau-scie, ajoutez-le au lait dans une casserole et faites fondre à feu doux. Laissez refroidir.

2 Passez 200 g de pignons de pin au mixeur avec 40 g de sucre. Vous obtenez alors une sorte de pâte.

3 Ajoutez le cacao, le reste de sucre et le lait au chocolat blanc refroidi. Mixez jusqu'à ce que le mélange devienne fluide et homogène.

4 Étalez une crêpe sur la plaque du four recouverte de papier sulfurisé, garnissez-la de crème de pignons et roulez-la.

5 Renouvelez l'opération pour chaque crêpe. Saupoudrez les crêpes de sucre et passez-les au four jusqu'à ce qu'elles aient une belle couleur caramel.

6 Déposez 2 crêpes sur chaque assiette et décorez de quelques pignons entiers.

› Les conseils du chef pâtissier

Vous pouvez remplacer le chocolat blanc par le chocolat de votre choix. ● Vous pouvez remplacer les pignons par des noisettes, des amandes… ● Vous pouvez former des aumônières avec les crêpes et les fermer à l'aide d'un bâtonnet en bois pour éviter que la crème ne coule pendant la cuisson.

Les crêpes *tout chocolat*

Ingrédients *4 personnes*

- 125 g de farine
- 1 cuil. à soupe de cacao en poudre
- 1 œuf entier + 1 jaune
- 1 cuil. à soupe d'huile
- 2 pincées de sel
- 25 cl de lait
- 150 g de chocolat noir
- 20 g de beurre
- 200 g d'amandes effilées

Ustensiles

- 1 saladier
- 1 cuillère en bois
- 1 casserole • 1 spatule
- 1 poêle • 1 louche
- 1 spatule plate

1 Versez la farine et le cacao dans un saladier. Creusez un puits puis ajoutez l'œuf entier, le jaune, l'huile et le sel. Mélangez bien.

2 Versez peu à peu le lait dans la pâte tout en mélangeant bien pour obtenir une pâte fluide.

3 Couvrez le saladier d'un film alimentaire et déposez au frais au moins 1 heure.

4 Cassez le chocolat en petits morceaux que vous déposerez dans une casserole avec 1 cuil. à soupe d'eau. Faites fondre doucement.

5 Faites fondre du beurre dans une poêle. Déposez une louche de pâte et laissez cuire 2 à 3 minutes puis retournez la crêpe à mi-cuisson.

6 Couvrez chaque crêpe de chocolat fondu et d'amandes effilées.

› Les conseils du chef pâtissier

Vous pouvez remplacer le chocolat noir par du chocolat au lait. ● Vous pouvez ajouter 2 cuil. à soupe de noisettes finement hachées dans la pâte à crêpes ● Pour un mariage de saveurs étonnant, flambez vos crêpes avec un alcool de mandarine.

Les griottes *au chocolat*

Ingrédients *pour 50 griottes*

- 50 griottes à l'eau-de-vie avec leur queue
- 250 g de fondant blanc
- 250 g de chocolat de couverture

Ustensiles

- 2 saladiers
- 1 casserole
- 1 spatule
- 1 thermomètre de cuisson
- 50 caissettes en papier

1 Égouttez et séchez les griottes sur du papier absorbant.

2 Faites fondre le fondant au bain-marie avec 1 cuil. à soupe d'eau-de-vie des griottes. Il doit être suffisamment liquide et épais pour y tremper les griottes.

3 Trempez les griottes dans le fondant (il doit les enrober) et déposez-les sur du papier sulfurisé. Laissez durcir quelques minutes.

4 Faites fondre le chocolat au bain-marie (la température doit atteindre 32°). Trempez les griottes enrobées de fondant dans le chocolat.

5 Déposez les griottes sur du papier sulfurisé le temps que le chocolat durcisse. Les griottes qui présentent des bulles d'air doivent être consommées rapidement.

6 Déposez les griottes dans des caissettes en papier et dégustez.

Préparation : 40 minutes | *Repos : aucun* | *Cuisson : 10 minutes*

› Les conseils du chef pâtissier

Réchauffez le fondant avec 1 cuil. à soupe d'eau-de-vie s'il devient trop épais. ● Vous pouvez faire cette recette avec n'importe quel autre fruit macéré dans de l'eau-de-vie. ● Vous pouvez conserver ces griottes plusieurs jours dans une boîte hermétique au frais.

Les mendiants *aux fruits secs*

Ingrédients *pour environ 30 pièces*

- Une trentaine de raisins secs
- 1 cuil. à soupe de rhum
- Une trentaine d'amandes
- Une trentaine de noisettes
- Une trentaine de pistaches non salées
- 250 g de chocolat noir à 70 % de cacao
- Une trentaine de dés d'orange confite

Ustensiles

- 1 bol • 1 passoire
- 1 poêle • 1 spatule
- 1 plaque ou 1 grand plat
- 1 casserole • 1 saladier

1

2

3

4

5

6

1 Dans un bol, laissez gonfler les raisins secs dans le rhum et 3 cuil. à soupe d'eau bouillante pendant environ 30 minutes puis égouttez-les.

2 Dans une poêle, grillez les amandes, les noisettes et les pistaches. Couvrez la plaque ou le plat de 2 couches de film alimentaire.

3 Faites chauffer de l'eau dans la casserole, cassez le chocolat en morceaux dans un saladier et faites le fondre doucement au bain-marie. Lorsqu'il est fondu, mélangez-le avec une spatule sans le travailler puis laissez-le refroidir quelques minutes.

4 Lorsque la consistance est correcte, formez une trentaine de palets sur le film (versez 1 cuil. à soupe de chocolat qui ne doit pas trop s'étaler s'il a suffisamment refroidi).

5 Laissez reposer 2 minutes puis disposez 1 amande, 1 noisette, 1 pistache, 1 raisin et 1 dé d'orange confite sur chaque palet. Laissez-les durcir au frais pendant environ 10 minutes.

6 Décollez délicatement les mendiants (aidez-vous d'une spatule si nécessaire) et conservez-les au frais.

› Les conseils du chef pâtissier

Utilisez du bon chocolat, le chocolat à dessert ne donnera pas le même résultat. ● Vous pouvez utiliser d'autres fruits secs ou confits. ● Vous pouvez réaliser des palets avec du chocolat au lait ou du chocolat blanc (sans bien sûr négliger la qualité du chocolat).

Les meringues *au chocolat*

Ingrédients *6 personnes*

- 100 g de sucre glace
- 15 g de cacao en poudre
- 4 blancs d'œufs
- 100 g de sucre en poudre

Ustensiles

- 1 tamis
- 2 saladiers
- 1 fouet électrique
- 1 maryse
- 1 poche à douille
- 1 douille cannelée

1 Préchauffez le four à 100°-110° (th. 3-4). Tamisez le sucre glace et le cacao.

2 Fouettez les blancs d'œufs puis, à mi-chemin, incorporez la moitié du sucre en poudre. Continuez à fouetter jusqu'à ce qu'ils soient montés aux trois quarts puis versez le reste du sucre en pluie.

3 Lorsqu'ils sont fermes et brillants, ajoutez le mélange sucre glace-cacao très délicatement et incorporez à l'aide d'une maryse.

4 Remplissez la poche à douille et dressez des grosses meringues ou des plus petites sur une plaque recouverte de papier sulfurisé.

5 Faites cuire 2 heures pour les grosses meringues et 1 heure pour les petites. Laissez refroidir sur une grille à pâtisserie.

Préparation : 10 minutes | *Repos : aucun* | *Cuisson : 2 heures*

› Les conseils du chef pâtissier

Il ne doit pas y avoir du tout de jaune dans les blancs d'œufs. ● Versez le sucre en poudre très progressivement, sinon les blancs ne monteront pas bien. De même, soulevez le mélange délicatement avec la maryse pour ne pas qu'il retombe. ● Vous pouvez tremper les meringues dans du chocolat fondu et les laisser prendre sur du papier sulfurisé pour renforcer le goût du chocolat (c'est idéal pour les petites meringues servies avec le café). ● Vous pouvez les saupoudrer de pralin avant la cuisson.

Les mille-feuilles de crêpes *au chocolat*

Ingrédients *6 personnes*

- 175 g de chocolat
- 40 g de beurre découpé en dés
- 4 œufs
- 1 pincée de sel
- 20 g de beurre
- 50 cl de pâte à crêpes
- 50 g de pignons de pin

Ustensiles

- 3 saladiers
- 1 casserole
- 1 fouet
- 1 fouet électrique
- 1 maryse
- 1 poêle
- 6 petites assiettes

1

2

3

4

5

6

1 Cassez le chocolat en morceaux dans un saladier et faites-le fondre au bain-marie. Ajoutez ensuite les dés de beurre puis mélangez bien jusqu'à ce que le mélange soit lisse.

2 Cassez les œufs puis séparez les blancs des jaunes. Lorsque le chocolat est tiède, incorporez les jaunes d'œufs et fouettez bien. Montez les blancs en neige bien ferme avec le sel.

3 Incorporez les blancs en neige délicatement à l'aide d'une maryse. Laissez prendre la mousse 6 heures au frais.

4 Faites fondre un peu de beurre dans la poêle et réalisez 18 petites crêpes épaisses.

5 Sur les petites assiettes, déposez une première crêpe, déposez un peu de mousse au chocolat, recouvrez d'une deuxième crêpe et renouvelez l'opération en finissant par une crêpe.

6 Grillez les pignons de pin dans la poêle et répartissez-les sur les mille-feuilles.

Préparation : 1 heure | *Repos : 6 heures* | *Cuisson : 15 minutes*

› Les conseils du chef pâtissier

Attention à bien monter les blancs en neige si vous voulez que la mousse au chocolat prenne. • Vous pouvez ajouter quelques fruits rouges sur la mousse au chocolat avant de la recouvrir par une crêpe. • Vous pouvez réaliser cette recette avec une pâte à blinis. • Vous pouvez remplacer la mousse au chocolat par une crème pâtissière parfumée ou par une mousse de fruits.

Les nems poire *et chocolat*

Ingrédients *pour 8 nems*

- 3 poires (williams, conférences...)
- 1 cuil. à soupe de jus de citron
- 30 g de beurre pour la cuisson des poires
- 100 g de chocolat noir
- 8 feuilles de brick
- 1 jaune d'œuf

Pour la sauce au chocolat

- 120 g de chocolat noir
- 5 cl de crème liquide
- 20 g de beurre découpé en dés

Ustensiles

- 2 poêles antiadhésives
- 1 râpe à gros trous
- 2 saladiers
- 1 bol • 1 fouet
- 1 pinceau à pâtisserie
- 1 casserole

1

2

3

4

5

6

1 Pelez et épépinez les poires. Coupez-les en quartiers assez fins. Citronnez-les pour les empêcher de noircir. Poêlez-les au beurre 7 à 8 minutes sur feu doux en les retournant plusieurs fois.

2 Au-dessus d'un saladier, râpez grossièrement le chocolat noir à l'aide d'une râpe à gros trous.

3 Disposez 1 feuille de brick à plat et disposez quelques quartiers de poire au centre en formant un rectangle. Parsemez de chocolat râpé. Refermez la feuille de brick en repliant les bords sur la farce puis rabattez la moitié supérieure.

4 Roulez le nem régulièrement, sans trop serrer. Badigeonnez de jaune d'œuf la jointure pour la coller. Préparez les autres nems de la même façon.

5 Poêlez les nems au beurre sur feu moyen en les retournant plusieurs fois pour bien les dorer.

6 Préparez la sauce au chocolat. Concassez grossièrement le chocolat. Faites-le fondre au bain-marie puis ajoutez la crème et le beurre. Fouettez pour lisser. Servez les nems dorés et nappés de sauce.

Préparation : 20 minutes | *Repos : aucun* | *Cuisson : 12 minutes*

› Les conseils du chef pâtissier

Vous pouvez préparer ces nems avec des feuilles de riz pour une texture plus fine et plus croquante. Vous trouverez ces feuilles dans des magasins de produits asiatiques. Faites-les tremper une par une dans de l'eau froide pendant environ 30 secondes pour les ramollir. Déposez-les sur un torchon pour les rouler : celui-ci absorbera l'excès d'humidité. Ne les poêlez pas au beurre, mais faites-les frire 2 minutes dans un bain d'huile à 160°. ● Vous pouvez remplacerle chocolat noir par de la pralinoise ou du chocolat au lait.

Les petits pains briochés *au chocolat*

Ingrédients *10 petits pains*

- 10 g de levure fraîche de boulanger
- 250 g de farine tamisée
- 15 cl de lait tiède
- 60 g de sucre semoule
- 5 g de sel
- 50 g de beurre mou découpé en dés
- 100 g de chocolat pâtissier
- 1 œuf

Ustensiles

- 3 saladiers
- 1 râpe
- 1 rouleau à pâtisserie
- 1 bol
- 1 pinceau à pâtisserie

1 Émiettez la levure de boulanger. Mélangez dans un saladier la levure émiettée, 50 g de farine et le lait tiède. Couvrez d'un linge et laissez gonfler dans un endroit chaud pendant 15 minutes.

2 Mélangez dans un autre saladier le reste de farine, le sucre semoule et le sel. Ajoutez le levain et pétrissez la pâte environ 8 minutes . Puis ajoutez les dés de beurre.

3 Formez une boule de pâte, déposez dans un saladier et couvrez d'un linge. Laissez gonfler 1 heure dans un endroit chaud.

4 Râpez le chocolat. Étalez la pâte en un rectangle. Saupoudrez de chocolat râpé. Travaillez la pâte chocolatée et formez une boule.

5 Partagez la pâte en 10 petits pâtons de même taille. Rangez-les sur une plaque de four légèrement farinée. Couvrez d'un linge et laissez dans un endroit chaud pendant 1 heure 15.

6 Préchauffez le four à 210° (th. 7). Badigeonnez le dessus des petits pains d'œuf battu. Mettez à cuire 15 minutes en baissant la température à 200° (th. 6-7). Laissez refroidir sur une grille.

Préparation : 20 minutes | *Repos : 2 heures 30* | *Cuisson : 15 minutes*

› Les conseils du chef pâtissier

Vous pouvez inciser le dessus des petits pains dans le sens de la longueur. ● Vous pouvez incorporer dans la pâte 1 cuil. à café de dés d'orange confite. ● Vous pouvez saupoudrer les petits pains briochés avec du sucre glace ou les recouvrir d'un glaçage blanc comme pour les éclairs.

Les pruneaux à la crème *de chocolat*

Ingrédients *6 personnes*

- 220 g de pruneaux
- 5 cl de cognac
- 300 g de chocolat noir
- 15 cl de crème fraîche liquide
- 3 cuil. à soupe de cacao en poudre

Ustensiles

- 2 saladiers
- 1 râpe ● 1 fouet
- 2 casseroles
- 1 poche à douille
- 1 douille lisse
- 1 passoire fine

1

2

3

4

5

6

1 Déposez les pruneaux dans un saladier. Versez le cognac. Couvrez d'un film alimentaire et déposez au frais 30 minutes.

2 Incisez les pruneaux sur le côté à l'aide d'un petit couteau pointu. Ôtez les noyaux.

3 Râpez 120 g de chocolat et déposez-le dans un saladier. Faites chauffer la crème dans une casserole jusqu'au frémissement.

4 Versez la crème sur le chocolat. Attendez 1 minute puis commencez à mélanger avec un fouet.

5 Remplissez la poche à douille de crème au chocolat. Garnissez chaque pruneau de crème au chocolat. Déposez au frais 30 minutes.

6 Faites fondre le reste de chocolat dans une casserole. Trempez chaque pruneau dans le chocolat fondu en vous aidant de 2 fourchettes. Recouvrez-les d'une fine couche de cacao en poudre à l'aide d'une passoire.

Préparation : 35 minutes | *Repos : 1 heure* | *Cuisson : 5 minutes*

› Les conseils du chef pâtissier

Vous pouvez parfumer la crème au chocolat avec 1 cuil. à café de café. ● Le cognac pourra être remplacé par la même quantité de whisky ou de rhum. ● Servez ces pruneaux au chocolat de préférence très frais.

Les prunes séchées au rhum *et au chocolat*

› Ingrédients *6 personnes*

- 220 g de prunes séchées
- 5 cl de café
- 2 cuil. à soupe de rhum
- 300 g de chocolat noir
- 15 cl de crème fraîche liquide
- 3 pincées de vanille en poudre
- 3 cuil. à soupe de cacao en poudre
- 4 pincées de cannelle en poudre

› Ustensiles

- 2 saladiers
- 2 casseroles
- 1 fouet
- 1 poche à douille
- 1 douille cannelée
- 1 bol

1

2

3

4

5

6

1 Déposez les prunes séchées dans un saladier. Couvrez-les de café et de rhum puis placez-les au réfrigérateur pendant 30 minutes.

2 Pratiquez une petite incision sur le côté de chaque prune. Ôtez le noyau.

3 Découpez 120 g de chocolat en petits carrés puis déposez-les dans un saladier.

4 Faites chauffer la crème fraîche dans une casserole jusqu'au frémissement. Ajoutez la vanille en poudre. Versez la crème chaude sur le chocolat, attendez quelques instants puis fouettez le tout en un mélange crémeux. Laissez ensuite refroidir.

5 Remplissez la poche à douille de crème au chocolat. Garnissez l'intérieur des prunes de crème. Placez au réfrigérateur pendant environ 30 minutes. Mélangez dans un bol le cacao en poudre et la cannelle.

6 Découpez le reste de chocolat en petits morceaux. Faites-le fondre dans une casserole. À l'aide de deux fourchettes, passez rapidement chaque prune dans le chocolat fondu. Puis disposez-les sur une feuille de papier sulfurisé. Laissez refroidir. Saupoudrez de cacao et servez.

Préparation : 35 minutes | *Repos : 1 heure* | *Cuisson : 10 minutes*

› Les conseils du chef pâtissier

Vous pouvez garnir les prunes d'une ganache chocolat parfumée à la framboise. ● Vous pouvez aussi les garnir d'un mélange crémeux à base de mascarpone fouetté et de blancs en neige.

Les rochers coco, *chocolat et nougatine*

Ingrédients *pour environ 20 rochers*

- 90 g de sucre
- 1 œuf
- 250 g de noix de coco râpée
- 100 g de pépites de chocolat
- 100 g de nougatine

Ustensiles

- 1 saladier
- 1 fouet
- 1 cuillère en bois

1

2

3

4

5

6

1 Préchauffez le four à 180° (th. 6). Blanchissez le sucre et l'œuf à l'aide d'un fouet.

2 Versez la moitié de la noix de coco rapée puis mélangez de nouveau.

3 Ajoutez les pépites de chocolat et la nougatine. Mélangez bien.

4 Terminez par le reste de noix de coco rapée.

5 Formez des boules ou des pyramides. Recouvrez la plaque pour le four de papier sulfurisé et déposez les rochers en quinconce.

6 Faites cuire 10 minutes. Surveillez bien la coloration. Laissez refroidir sur une grille.

Préparation : 10 minutes | *Repos : aucun* | *Cuisson : 10 minutes*

› Les conseils du chef pâtissier

Dosez le sucre en fonction de votre goût. ● Vous pouvez réaliser le mélange de votre choix (amandes hachées et chocolat blanc par exemple). ● Ajoutez des épices (vanille, cannelle...) ou de l'alcool (rhum...) pour parfumer vos rochers.

Les soufflés *au chocolat*

› Ingrédients *6 personnes*

- 1/2 l de lait
- 1 gousse de vanille
- 100 g de sucre
- 150 g de chocolat
- 100 g de beurre
  + 20 g pour les moules
- 5 œufs
- 50 g de farine

› Ustensiles

- 1 casserole
- 3 saladiers
- 1 fouet
- 1 fouet électrique
- 6 moules individuels à soufflés

1

2

3

4

5

1 Faites chauffer le lait avec la gousse de vanille fendue en 2 dans la longueur, 50 g de sucre, le chocolat et le beurre. Cassez les œufs et séparez les jaunes des blancs.

2 Fouettez les jaunes et 50 g de sucre jusqu'à ce que le mélange blanchisse. Ajoutez la farine.

3 Grattez la gousse de vanille et déposez les graines dans le lait chocolaté. Versez le lait petit à petit sur les jaunes, remettez le tout à cuire en fouettant et portez à ébullition 2 à 3 minutes. Réservez cette crème pâtissière au chocolat dans un saladier.

4 Préchauffez le four à 170° (th. 5-6). Montez les blancs en neige et incorporez-les délicatement à la crème pâtissière au chocolat.

5 Beurrez les moules. Remplissez-les aux deux tiers puis enfournez 10 à 15 min juste avant de servir les soufflés.

› Les conseils du chef pâtissier

Lorsque vous beurrez les moules, aidez-vous d'un pinceau à pâtisserie. Trempez le pinceau dans le beurre fondu et allez du bas vers le haut du moule. Déposez vos moules au frais avant de les remplir, le beurre ainsi figé aidera vos soufflés à lever.
● Vous pouvez saupoudrer les soufflés de sucre glace à la sortie du four. ● Vous pouvez remplacer le chocolat noir par du chocolat blanc, au lait, aux noisettes…

Les sucettes au chocolat *à rayures*

› Ingrédients *6 sucettes*

- 125 g de chocolat noir de pâtissier

› Ustensiles

- 1 feuille guitare
- 1 feuille de papier transfert alimentaire à rayures
- 6 bâtonnets à sucettes
- 1 casserole
- 1 saladier
- 1 spatule

1
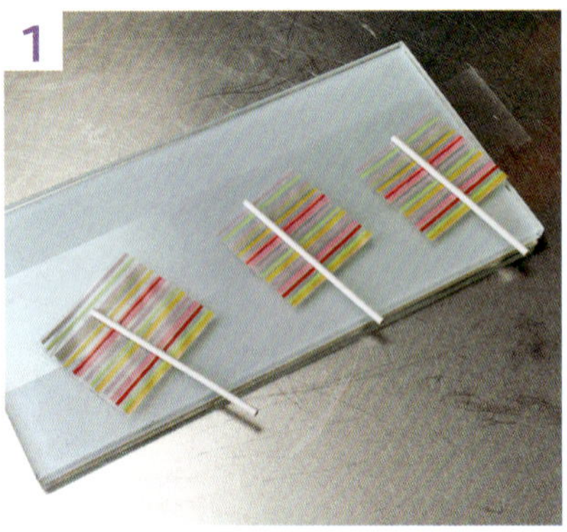

2

3

4
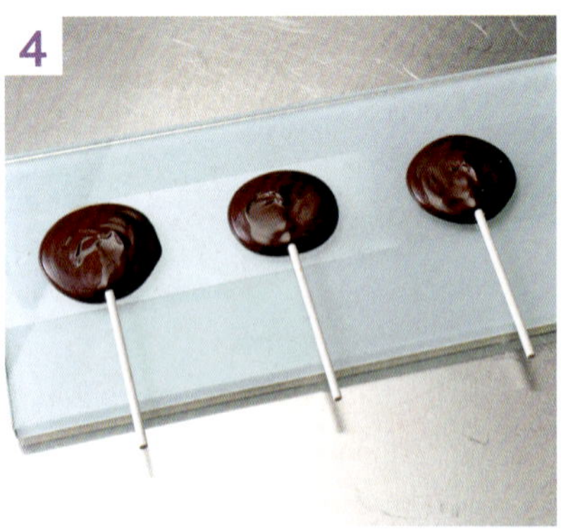

5

6

1 Découpez une bande dans la feuille guitare. Découpez 6 carrés de 10 cm de côté dans la feuille de papier transfert. Préparez les bâtonnets à sucettes.

2 Faites fondre le chocolat au bain-marie. Lissez-le à la spatule.

3 Déposez des petits disques d'environ 8 cm de diamètre sur la bande de papier guitare. Lissez en surface pour plus de régularité.

4 Posez un bâtonnet sur chaque cercle et recouvrez d'une seconde couche de chocolat.

5 Sans attendre, placez un petit carré de papier transfert sur chaque sucette (côté mat du papier sur le chocolat). Faites adhérer en lissant de façon régulière. Placez au réfrigérateur pendant environ 3 heures.

6 Enlevez délicatement le papier en évitant de toucher les rayures. Remettez au réfrigérateur avant de déguster.

› Les conseils du chef pâtissier

Pour donner de la couleur au chocolat, le papier transfert est idéal. Il existe de nombreux motifs. ● Vous pouvez aussi couler le chocolat dans des moules à glaçons et placer ensuite les bâtonnets. ● Vous pouvez saupoudrer un peu d'amandes ou de pistaches finement concassées sur la première couche de chocolat fondu. ● Sans les bâtonnets, ces disques en chocolat peuvent servir à décorer un gâteau : il suffit de les coller avec une pointe de chocolat liquide.

Les truffes *chocolat-framboise*

Ingrédients *6 personnes*

- 200 g de chocolat noir à 70 %
- 50 g de framboises
- 5 cl de crème fraîche
- 15 g de sucre glace
- 25 g de beurre mou découpé en dés
- 1 cuil. à café d'eau-de-vie de framboise
- 50 g de cacao en poudre

Ustensiles

- 1 couteau-scie
- 2 saladiers
- 1 robot mixeur
- 1 passoire fine
- 1 casserole
- 1 plat à bords hauts d'environ 28 x 30 cm
- 1 assiette

1

2

3

4

5

6

1 Hachez le chocolat à l'aide d'un couteau-scie. Rincez très rapidement les framboises. Égouttez-les. Mixez-les finement à l'aide d'un robot mixeur. Puis passez la purée de framboises dans une passoire fine.

2 Réunissez la purée de framboises, la crème fraîche et le sucre glace dans une casserole. Portez à ébullition. Ôtez aussitôt du feu.

3 Ajoutez le chocolat haché en trois fois tout en mélangeant.

4 Incorporez les dés de beurre puis ajoutez l'eau-de-vie. Versez la ganache chocolat-framboise dans un plat garni d'une feuille de papier sulfurisé. Laissez durcir au réfrigérateur au minimum 2 heures.

5 Versez le cacao en poudre dans une assiette. Démoulez la ganache sur une feuille de papier sulfurisé. Découpez des carrés de 3 cm de côté.

6 Formez de petites boules et roulez-les rapidement dans le cacao en poudre à l'aide d'une fourchette.

Préparation : 15 minutes | *Repos : 2 heures* | *Cuisson : 5 minutes*

› Les conseils du chef pâtissier

Choisissez des framboises fraîches et parfumées. Triez-les soigneusement et n'utilisez que les plus belles. ● Servez les truffes très fraîches. ● Vous pouvez tremper les truffes dans le chocolat fondu avant de les rouler dans du cacao en poudre pour un effet croquant. ● Conservez les truffes au réfrigérateur dans une boîte hermétiquement fermée.

Index